Chevalier d'Éon

agent secret du Roi

Du même auteur :

- La série « Marie-Antoinette », Flammarion.
- *Joséphine de Lavalette*, Casterman.
- La série « Chevalier d' Éon, agent secret du Roi », Flammarion.

Tome 1 : *Le Masque*

Tome 2 : *La Tsarine*

87, quai Panhard-et-Levassor – 75647 Paris Cedex 13
ISBN : 978-2-0812-6535-6

ANNE-SOPHIE SILVESTRE

Chevalier d'Éon
agent secret du Roi

3 LA FORTERESSE

Flammarion

Merci Adrien et Marie pour les précieux conseils,
Et merci pour la précieuse présence.

Résumé des tomes 1 et 2

Le chevalier d'Éon a reçu du roi Louis XV la mission de porter secrètement à l'impératrice Élisabeth première de Russie une lettre lui proposant une alliance avec la France. Pour tromper les Prussiens, les Anglais et le Premier ministre de la tsarine, très opposé à cette alliance, le chevalier a traversé l'Europe déguisé en jeune femme et c'est sous le nom de Mlle Lia de Beaumont qu'il a réussi à obtenir une audience d'Élisabeth et lui remettre la lettre de Louis XV.

Sa mission aurait logiquement dû s'arrêter là, mais l'impératrice, trouvant agréable la compagnie de cette jeune Française débrouillarde, la retient auprès d'elle en la nommant sa lectrice et demoiselle d'honneur.

À Saint-Pétersbourg,
dans les années 1750.

1

Du vague à l'âme
au palais d'Hiver

L'hiver russe arriva brusquement. La neige se mit à tomber et ne cessa pas pendant cinq jours, froide, inépuisable, oblique, les flocons blancs se détachant sur le ciel gris foncé. Tout fut recouvert d'une couche dans laquelle on enfonçait jusqu'à la taille. Chacun restait chez soi, la ville et la campagne semblaient en sommeil. Puis, la neige se calma et le froid s'installa d'un coup. La neige durcit, on put sortir les traîneaux et recommencer à circuler.

La route forestière de Tsarkoïe Selo avait été ouverte et nivelée à la pelle, mais l'impératrice ne s'y rendait plus que pour de brefs allers et retours. La plupart des pièces n'avaient pas encore de chauffage et les travaux étaient très ralentis.

La Neva avait gelé, puis l'entrée du golfe de Finlande, le port était comme engourdi. Si le froid se faisait moins intense pendant quelques jours, un bateau muni d'un brise-glace ouvrait le passage vers la mer, ce qui permettait l'entrée et la sortie de quelques rares navires.

Le port pris par la glace et les routes enneigées

avaient une conséquence directe pour les gens qui, à Saint-Pétersbourg, avaient le regard tourné vers la France : le courrier acheminé par terre ou par mer se faisait rare et personne ne savait si le prince Narichkine, envoyé spécial d'Élisabeth première auprès du roi de France Louis XV, était arrivé à Paris. Si le prince n'avait pas rencontré de difficulté particulière en route, c'était possible.

L'impératrice Élisabeth, le chevalier d'Éon et le chevalier de Douglas souhaitaient ardemment que cela soit le cas.

Le chancelier Bestouchev et l'ambassadeur d'Angleterre Williams désiraient puissamment le contraire.

La plupart des autres gens n'avaient pas vraiment d'opinion tranchée.

L'hiver et le froid affectaient l'état d'âme de la tsarine. Elle qui avait d'ordinaire le caractère plutôt agréable devenait mélancolique et irascible. Elle dormait mal et perdait patience pour des riens. Charles-Geneviève pensait souvent à ce que Yuliia lui avait confié quelques semaines plus tôt : « Noël est toujours un mauvais temps pour elle, mais elle n'a jamais dit à personne ce qui la tourmente dans ces moments-là. »

Le départ subit de Mme Gontet-Joly, sa lectrice française, sans prévenir et sans seulement prendre congé, avait été une contrariété de plus pour l'impératrice. Pendant des années, la voix calme de la Française avait eu la vertu de l'aider à trouver le sommeil. Son absence rendait plus obsédante encore la crainte de l'insomnie qui l'assaillait chaque soir. Lia de Beaumont faisait de son mieux pour la remplacer mais, malgré tous ses efforts, sa présence suscitait chez l'impératrice le désir de parler plutôt que de dormir.

Toutefois, après différents essais, Charles-Geneviève finit par établir que le théâtre de Racine ne fonctionnait pas trop mal comme somnifère. La longueur des tirades, le bercement des alexandrins et le soin qu'il prenait de lire d'une voix monotone, tout cela additionné aux potions narcotiques que préparait le médecin d'Élisabeth, permettaient à celle-ci au bout du compte de trouver le sommeil. Mais le chevalier demeurait chaque soir tard dans la nuit auprès de l'impératrice et lui aussi commençait à ressentir la fatigue.

Depuis qu'on était de retour au palais d'Hiver, il ne voyait plus Yuliia en tête à tête. Elle était pourtant presque sans cesse chez Élisabeth. Petite présence amicale, têtue et fidèle, sa compagnie avait le don de répandre le réconfort. Mais, pour d'Éon, les journées de tranquillité et d'éloignement du monde qu'ils avaient partagées à Tsarkoïe lui semblaient désormais loin dans le passé, et peut-être perdues sans retour. Oui, dans ces jours d'avant Noël, l'ambiance était plutôt au découragement dans l'entourage d'Élisabeth Petrovna Romanova première.

— Aurais-tu cru possible que Gontet puisse s'en aller comme ça, sans même me dire au revoir ? demanda soudain Élisabeth, interrompant le dialogue d'Oreste et de Pyrrhus.

D'Éon se sentit à l'instant sur ses gardes. L'impératrice se douterait-elle de quelque chose ? Cette question annonçait-elle l'un de ces interrogatoires que la tsarine lançait parfois sans prévenir et dans lesquels elle se montrait aussi précise, exigeante et dangereuse qu'un juge ?

L'opération Gontet-Joly avait pourtant semblé passer sans remous. Pendant les deux journées qui avaient suivi la disparition de la lectrice, tout le monde à Tsarkoïe avait cru qu'elle s'était rendue en ville faire des emplettes ou pour quelque rendez-vous chez sa couturière. Certes, il était un peu surprenant qu'elle n'en ait pas averti l'impératrice mais une telle désorganisation régnait en permanence au palais d'Été qu'un message avait en général plus de chances de s'égarer que d'arriver à bon port, surtout si l'on se souvenait que pendant ces mêmes journées avait eu lieu à Tsarkoïe la fête des domestiques, pour ainsi dire le sommet du désordre.

Et puis une lettre signée d'elle était arrivée, envoyée de Saint-Pétersbourg. Ismène Gontet-Joly demandait pardon à l'impératrice mais les premiers froids, ajoutés à une nostalgie devenue insurmontable de la France, lui faisaient soudain comprendre qu'elle n'aurait pas la force de supporter une fois de plus l'hiver russe.

« Quand Votre Majesté recevra ce billet, écrivait Mme Gontet, j'aurai quitté la Russie par le navire *Die Schön Brunhild* de Hambourg. Je remercie infiniment Votre Majesté pour ses innombrables bontés. Que Votre Majesté soit persuadée que je garderai toujours au plus profond de mon cœur le souvenir suprêmement cher de la plus éclairée et de la plus sensible des souveraines. »

Mackenzie avait un beau style et il avait trouvé le ton juste, pensa d'Éon quand Élisabeth, surprise et peinée, lui montra ce billet. Ce jour-là, l'impératrice ne semblait en rien avoir le soupçon que Mme Gontet n'avait peut-être jamais eu le désir de quitter la Russie, et qu'elle ait pu être embarquée contre son gré, endormie et ligotée, par les deux compères Douglas et d'Éon, agents secrets du roi Louis XV en mission d'infiltration et de renseignement à Saint-Pétersbourg.

Mais plus de trois semaines avaient passé depuis ce transfert clandestin et quelqu'un du clan Bestouchev ou de l'équipe Williams avait pu concevoir des soupçons. Et il était aussi possible que malgré toutes les précautions prises durant l'opération, ils aient été aperçus à un moment ou l'autre.

— Je suis aussi surprise que Votre Majesté, et je suis surtout navrée de la peine que Votre Majesté ressent, répondit Lia avec l'accent le plus sincère qu'elle put réussir.

« Et non..., pensa d'Éon en regardant Élisabeth sans en avoir l'air ; fausse alerte... »

L'impératrice, perdue dans ses pensées, avait une expression rêveuse et triste. Ce n'était pas seulement le don qu'avait Mme Gontet pour l'aider à trouver le sommeil qu'elle regrettait, observa d'Éon en silence, elle avait de la peine... Elle souffrait réellement quand on la quittait, ou quand elle découvrait que quelqu'un dont elle croyait à l'amitié ne l'aimait pas.

— Au fond, je la comprends, reprit Élisabeth, c'est triste Noël, ici... Je ne peux pas lui en vouloir. Moi aussi, si je pouvais partir, ne serait-ce que pour un temps... J'aimerais aller à Paris... Les lumières, les bals, les beaux attelages, les cafés qui restent ouverts toute la nuit... Ici, dès trois heures après midi, chacun est calfeutré chez soi. Ce doit être joli, Noël, à Paris et à Versailles, n'est-ce pas, ma Liouchenka ?

— Oui, Majesté, le quartier du Palais-Royal, surtout, reste éclairé et animé jusqu'au matin.

— C'est le plus bel endroit de Paris ?

— Je crois que j'aime plus encore le Quartier latin, celui des étudiants. C'est moins riche et moins élégant, mais plus joyeux.

— J'adorerais être étudiante, dit Yuliia, le seul problème est qu'il faudrait travailler... Je suis comme toi, Matouchka, j'ai envie de partir... Allons rejoindre mon frère ! Cela te fera du bien, cela te changera les idées, on te fera fête à Versailles... Tant pis pour le froid, nous nous couvrirons bien.

— Ce n'est pas possible, mes enfants, un souverain ne peut voyager hors de ses frontières. C'est impossible, c'est trop dangereux. Imaginez-vous, si l'on m'assassinait à Paris, dans quelle situation inextricable je mettrais mon frère le roi de France et nos deux pays ?

— Ton père, Pierre le Grand, le faisait pourtant, Matouchka.

— Quand Pierre le Grand voulait quelque chose, il ne se posait jamais la question de savoir si cela se faisait ou non. Pour lui, c'était oui. Mais, moi, je me la pose. Si je disparaissais dans ce voyage, ce ne serait pas un bien grand malheur. Mais le grand-duc Pierre prendrait ma place, et cela, c'en serait un. Croyez-vous que la Russie soit prête à ce changement ? Il est trop tôt.

Le grand-duc Pierre, l'héritier du trône, le futur tsar de toutes les Russies, était l'un des plus obsédants soucis d'Élisabeth.

Élisabeth avait eu une sœur, Anna, d'un an plus âgée, qu'elle aimait tendrement. Anna avait été mariée à seize ans au prince de Holstein-Gottorp en Allemagne et les deux sœurs ne s'étaient jamais revues. Anna était morte jeune en laissant un petit enfant, Pierre. Et Pierre avait onze ans quand il avait aussi perdu son père. Élisabeth devenue tsarine avait adopté l'orphelin. Elle n'avait pas d'enfant. Ce neveu, le petit-fils de Pierre le Grand, ce Romanov authentique, était pour elle un successeur à la légitimité irrécusable. Et, en faisant venir Pierre auprès d'elle, elle espérait retrouver quelque chose de sa bien-aimée Anna, son visage tendre et sa présence charmante.

Quand Pierre était arrivé à Saint-Pétersbourg, Élisabeth s'était sentie glacée ; son neveu qui avait alors quatorze ans était hostile à tout ce qui venait d'elle. Il estimait avoir été déraciné de force sur l'ordre de cette tante qu'il n'avait jamais vue. Quitter l'Allemagne et le cher Holstein de son enfance avait été pour lui un drame. On ne lui avait pas laissé le choix. On lui avait parlé de son devoir et de la chance de sa vie. Il était arrivé en détestant par avance la Russie, les Russes et sa tante.

Élisabeth avait tout fait pour le rendre moins farouche. Elle lui avait donné les meilleurs professeurs, laissé choisir ses amis, organiser sa vie comme il le voulait... Dix ans plus tard, rien n'avait changé. Pierre, à vingt-quatre ans, se sentait toujours aussi étranger en Russie. Il ne s'exprimait qu'en allemand.

Dans son domaine d'Oranienbaum, non loin de Saint-Pétersbourg, il ne s'entourait que d'amis venus comme lui du Holstein.

Rapidement, Élisabeth avait décidé de marier ce neveu farouche. Dans l'idée de l'apprivoiser, de l'aider à gagner en maturité et, surtout – si seulement la chance pouvait cette fois être avec elle ! – afin de mettre au plus vite des enfants au monde. Une génération de futurs tsars sur l'éducation desquels elle veillerait en personne et dont elle ferait de véritables âmes russes. Ainsi, au-delà de Pierre, elle préparerait l'avenir.

On avait épluché le catalogue des princesses de sang royal en âge de se marier. On avait choisi la fiancée avec un soin infini. Une princesse allemande, comme lui, pour le rassurer, parce que, à tout coup il considérerait une fiancée russe comme une brimade de plus. Il y verrait une russification forcée, allez savoir... Le chancelier Bestouchev proposait avec énergie une Saxonne, une protestante, donc favorable à l'alliance anglaise... Mais Élisabeth n'en voulait pas et avait tenu bon. Et elle avait finalement retenu la jeune Sophie d'Anhalt-Zerb. Seize ans. Pierre en avait alors dix-sept. Catholique. Excellente éducation reçue d'une institutrice française, comme Élisabeth au même âge. Très bonnes manières. Elle parlait parfaitement le français et l'allemand. Et ses parents avaient écrit à l'impératrice que la jeune princesse était si enthousiaste à l'idée de venir en Russie qu'elle avait commencé à apprendre le russe avec une motivation telle qu'il fallait le soir lui éteindre sa lampe de force pour l'obliger à prendre du repos. Une fiancée de rêve !...

Dans les premiers temps, Élisabeth n'avait pas été déçue. La petite était mignonne, pleine de bonne volonté et d'une vénération totale envers sa nouvelle tante. Elle reçut avec dévotion le baptême dans la religion orthodoxe. Elle prononça en russe le symbole de sa nouvelle foi et reçut le prénom de Catherine qu'elle porterait désormais toute sa vie. Même Pierre sembla rendre les armes, il accueillit sa petite femme avec une sorte de sympathie et Élisabeth en ressentit un soulagement incommensurable.

Cependant, les années avaient passé et d'enfants, point !

Et Élisabeth avait compris que son neveu disposait de la meilleure arme qu'il ait jamais eue en sa possession pour contrecarrer les plans de sa tante : il lui suffisait de ne jamais faire d'enfant à sa femme. Le tour était joué et la tsarine se trouvait Gros-Jean comme devant.

Qu'allait devenir la Russie sous le règne de ce couple détraqué ? se demandait Élisabeth au plus fort de ses insomnies.

L'impératrice semblait plongée dans ses pensées. Lia et Yuliia gardaient le silence afin de ne pas la déranger. Enfin, elle leva les yeux.

— Veux-tu continuer la lecture, Liouchenka ?

Lia reprit :

« J'entends de tous côtés qu'on menace Pyrrhus ;
Toute la Grèce éclate en murmures confus ;
On se plaint qu'oubliant son sang et sa promesse
Il élève en sa cour l'ennemi de la Grèce... »

L'impératrice soupira : Racine et Pyrrhus s'y mettaient eux aussi !... Elle, elle élevait en sa cour un futur tsar qui détestait les Russes... Elle avait espéré que cette lecture lui changerait les idées mais, comme dans un jeu de l'oie malveillant, ces derniers vers la ramenaient d'un coup sur la case du couple grand-ducal.

Ils ne se montraient guère en ce moment, ces deux-là... Sous prétexte de préparer Noël dans l'intimité, ils se mettaient à l'abri des humeurs orageuses de leur tante à Oranienbaum, leur « Petite Prusse »...

« Intimité !... » Oui, ils avaient eu le culot d'utiliser précisément ce mot. N'était-ce pas ce que leur bonne tante l'impératrice désirait tant : qu'ils fassent preuve d'« intimité » ?

Pierre ne changerait plus, c'était clair. Pendant des années, Élisabeth avait espéré qu'il s'améliorerait. Elle lui avait fourni pour excuses l'adolescence, l'âge ingrat, le décès de ses parents, le déracinement... Mais elle n'attendait plus rien, c'était trop tard maintenant. Et la jeune Catherine... Face à sa tante, elle se montrait d'un respect et d'une docilité absolue ; toujours les yeux baissés ; jamais un avis contraire ; toujours : « Oui, Majesté, je ferai ainsi. » Mais Élisabeth percevait chez cette jeune femme, dissimulée sous ses sourires polis, une hargne à vouloir vivre au moins égale à la sienne, sinon supérieure... Elle devinait une résolution intense, une véritable capacité à prendre des décisions dans le sens du bien comme du pire... Catherine cachait son jeu et attendait son heure, ce qui l'inquiétait presque plus encore que l'animosité de son neveu. Qu'est-ce qu'il allait bien pouvoir résulter de tout cela... ?

L'impératrice secoua la tête comme pour en éloigner ces réflexions pénibles.

— Tu ne voudrais pas nous lire autre chose, Liouchenka ? demanda-t-elle. Tu n'aurais pas une comédie, ou quelque chose d'amusant ?

2

La vérité, Lia Timotevna ?…

Noël arrivait enfin. Et ce n'était pas trop tôt, songeait Charles-Geneviève car il n'en pouvait plus de ces heures sans fin passées auprès d'une impératrice en proie aux idées noires. Même les histoires concernant Marie Leszczynska ou la Pompadour ne l'amusaient plus, c'était dire. Quand la conversation tombait sur elles, Élisabeth souriait avec une sorte de compassion et disait : « Elles ne sont pas heureuses, elles non plus... Elles ne peuvent pas l'être, elles se trouvent trop près du trône. Le trône et le bonheur ne font pas bon ménage. »

Yuliia avait prévenu Lia que cette humeur mélancolique de la tsarine qui revenait d'année en année s'apaisait d'elle-même quand Noël était passé. Aussi le chevalier comptait-il les jours. Il n'aurait jamais pensé que le métier de demoiselle de compagnie pût être aussi astreignant.

Depuis plusieurs années, Élisabeth avait renoncé à organiser elle-même les fêtes de Noël au palais d'Hiver. Comme toujours quand elle se sentait malheureuse, elle se tournait vers la religion. Le jour de Noël, elle assistait à la grand-messe de la Nativité dans la cathédrale Notre-Dame-de-Kazan, puis elle se rendait dans diverses églises et couvents de Saint-Pétersbourg où elle passait la journée dans le recueillement. Toutefois, il n'était pas concevable qu'en un tel jour une fête ne rassemble pas l'aristocratie russe autour de la tsarine et, depuis des années, le prince Narichkine lui rendait le service de l'organiser pour elle au palais Narichkine. Mais cette année, le prince était parti pour Paris et Yuliia s'était proposée pour remplacer son frère. Il en résultait que, trop occupée par ses menus, ses plans de table, ses mets fins et ses arrivages de fleurs, Yuliia n'était plus que rarement présente chez Élisabeth. Ce qui n'arrangeait pas le découragement ambiant et particulièrement pas celui de Charles-Geneviève.

« C'est un moment à passer, se disait-il pour tenter de stimuler sa propre énergie. Janvier[1] va se terminer et l'impératrice retrouver sa bonne humeur ; les journées seront bientôt plus longues, elle pourra retourner à Tsarkoïe Selo, ce qui lui fait toujours du bien ; et, surtout, l'ambassadeur français, le vrai, va arriver, et Mackenzie et moi pourrons trouver un prétexte plausible pour rentrer à la maison. L'idéal serait que le prince Narichkine reste à Paris en tant que ministre officiel de la tsarine et que Yuliia obtienne la permission de le rejoindre... »

On notera que le chevalier d'Éon avait élaboré un plan qui lui convenait en tous points. La seule difficulté de ce projet, prévoyait-il, serait de faire

1. Le Noël orthodoxe a lieu le 7 janvier.

demeurer Yuliia et Amélie dans la même ville... Mais, pensait-il encore, il trouverait une solution quand le problème se poserait.

Il ne voyait plus guère Douglas, non plus. Il n'osait pas quitter le palais, même pour une heure, car il ne savait jamais quand l'impératrice allait le faire appeler. En ce moment, cela pouvait être à tout instant.

Alors il écrivait pour son chef de mission de courts messages qu'Iline lui portait. *« Mon cher petit oncle, Sa Majesté l'impératrice que Dieu garde pour le bonheur de ses peuples étant un peu lasse ces jours-ci, je ne puis m'absenter pour vous rendre visite. Ce petit mot est pour vous dire que je pense à vous et que je me porte bien. »* Ce que Douglas pouvait comprendre : *« L'impératrice a toujours le bourdon, sinon rien à signaler. »*

Le pseudo-minéralogiste lui répondait : *« Ma chère nièce, Imaginez qu'en étudiant les échantillons de trilobites rapportés du lac Ladoga, il m'a semblé déceler une sous-espèce dont la suture exosquelettienne n'a encore jamais été répertoriée. Elle pourrait constituer le chaînon manquant entre plusieurs époques de ces crustacés. J'ai hâte de vous montrer cela, ma chère petite, et je suis ravi de savoir que vous vous portez bien. »* D'Éon pouvait traduire de son côté : *« Rien de nouveau chez moi non plus. Je suis là si tu as besoin d'aide. »*

Le costume de fille ne lui posait plus guère de difficulté. Tout le monde s'était habitué à la présence de Mlle de Beaumont auprès de l'impératrice. Et il remarquait que si l'on s'est accoutumé à voir une personne tous les jours, on ne l'observe plus de façon particulière, on ne détaille plus ses toilettes ni ses singularités. Lia faisait maintenant partie de l'appartement impérial et de ses personnages familiers.

Charles-Geneviève se disait parfois qu'il pourrait passer des années transformé ainsi en jeune fille sans que personne ne s'en aperçoive ; à moins bien sûr d'un accident. Il avait retenu la leçon de l'aventure Gontet-Joly et était devenu beaucoup plus prudent dans les circonstances où il était amené à se dévêtir. Désormais, il prenait son bain revêtu d'une chemise descendant jusqu'aux pieds comme les dames pudiques d'autrefois, ce qui au demeurant n'était pas désagréable depuis que le froid était arrivé. Ainsi, le feu pouvait prendre au palais, le plafond de sa salle de bains s'écrouler, quelqu'un pouvait entrer à l'improviste dans sa chambre par force ou par mégarde, il n'y aurait rien à voir.

Une possibilité l'inquiétait pourtant, le pire des cas de figure : une maladie ou une chute de cheval qui le livrerait inconscient aux mains de ses femmes de chambre ou d'un médecin. Il était convenu avec Mackenzie qu'au moindre trouble de santé un peu alarmant, on évoquerait immédiatement une maladie fortement contagieuse, typhus ou choléra, qui justifierait qu'il quitte le palais pour quelque temps. Nul doute que personne ne le retiendrait. Et pour ce qui était des chevaux, quoique très bon cavalier, il s'obligeait à une grande prudence. Dans les folles cavalcades et les sauts de talus que l'impératrice aimait, il prenait le moins de risque possible. Au point que Yuliia et Élisabeth se moquaient en riant de Lia et de sa peur des chevaux. Lia acceptait avec bonne humeur cette réputation, qui de fait l'arrangeait bien. De toute façon, depuis que la neige était là, l'impératrice ne montait plus, on ne se déplaçait qu'en traîneau.

Pour ce qui était de l'habillement et du maquillage, tout cela faisait maintenant partie de son quotidien. Comme des choses courantes, il savait lacer son corsage, ajuster sa robe et se coiffer. Et il s'était si bien habitué au rôle de Lia de Beaumont qu'il entrait dans son personnage sans aucun effort. Il connaissait d'instinct la voix et les attitudes qui convenaient au moment. Il n'avait plus à réfléchir, tout lui venait naturellement. Quand on disait qu'un acteur avait « créé » un personnage, il comprenait maintenant le sens de ces mots : il lui semblait presque devenir Lia de Beaumont chaque fois qu'il devait en tenir le rôle.

Sur le compte à rebours que tenait le chevalier, on en était arrivé à deux jours avant Noël. L'impératrice se montrait plus nerveuse et irritable qu'elle ne l'avait encore été. Elle s'exaspérait pour des riens, mais le regrettait à l'instant suivant, s'excusait et souvent éclatait en pleurs. Tout son entourage était épuisé.

Lia avait passé l'après-midi entier auprès d'Élisabeth. Yuliia était venue un moment mais avait dû repartir, appelée par ses intendants et ses cuisiniers. Lia, ces derniers temps, pour distraire l'impératrice, avait fait le tour de la littérature française. Les livres sérieux, Montesquieu, Montaigne, elle n'était pas d'humeur ; Corneille l'ennuyait ; Racine n'aimait que les conspirations, c'était démoralisant ; Voltaire était drôle, mais c'était un auteur impie ; Molière l'avait amusée un temps, mais le goût lui en était passé... À bout d'idées, Lia avait fini par se rabattre sur de petits volumes qu'à Paris on appelait des romans légers. Beaucoup d'amour, un peu de libertinage et un beau retournement de la situation avant la fin. Ce fut un soulagement : l'impératrice s'amusait de ces sentimentalités. Lia renonça à la grande littérature et fit acheter par Mackenzie une pile entière de romances dans les librairies françaises de Pétersbourg.

Ce jour-là, Charles-Geneviève s'attendait à une soirée interminable car de toute évidence l'impératrice ne voulait pas rester seule quand, ô bonheur, vers les neuf heures, le comte Razoumovski s'était présenté comme un ange sauveur et avait demandé si « la délicieuse Lise » voulait bien de sa présence. Il y avait bien des jours que Lia n'avait pu rentrer aussi tôt chez elle.

D'Éon se mit au lit sans attendre. N'ayant pas assez dormi depuis trois semaines, une nuit entière de sommeil était un don du ciel à ne pas laisser perdre. Et, comme chaque fois qu'il craignait de dormir trop profondément, il plaça dans le lit son épée sortie de son fourreau et sur la table de chevet ses deux pistolets chargés et pointés vers la porte. Il vérifia aussi que la petite lampe qui brûlait devant une icône sur une tablette dans un angle de la pièce contenait assez d'huile pour durer toute la nuit.

Il ne s'était pas converti à la religion orthodoxe mais l'idée lui était venue que cet éclairage permanent pouvait être une fameuse sécurité pour lui. Et puis, pensa-t-il encore en s'enfonçant dans le lit et tirant les couvertures jusqu'à ses yeux, ce Christ au regard triste et tendre rassurait Iline et les femmes de chambre qui n'aimaient pas qu'une pièce demeure sans icônes. Les images saintes tenaient le diable en dehors de la chambre, tout le monde savait cela. De même qu'il était indispensable de laisser chaque soir un bol de nourriture, des morceaux de biscuits et des fruits secs, par terre près du poêle pour le Domovoï, le petit génie barbu de la maison. Le Domovoï était bienveillant, mais il jouait des tours si l'on oubliait son casse-croûte. Les objets égarés, les brocs d'eau renversés, les porcelaines cassées, c'était le Domovoï... Et puis, le Domovoï avait de l'autorité sur les autres esprits de la maison, souvent malfaisants, d'où l'importance de rester en bons termes avec lui. Et il ne fallait jamais non plus négliger de déposer le soir sur l'appui de la fenêtre une paire de ciseaux ouverts pointés vers l'extérieur pour empêcher le Barabachka d'entrer. Celui-là, personne ne le voyait jamais, mais quand une grosse déveine survenait, on pouvait être presque sûr que le Barabachka y était pour quelque chose.

Charles-Geneviève trouvait que ces aliments déposés dans les coins attiraient plus les cafards et les souris qu'autre chose mais il savait qu'Iline et ses compagnes auraient été profondément inquiets et peinés s'il avait donné l'ordre qu'on retire de là ces saletés. Le lecteur de Voltaire commençait à s'habituer à la Russie.

Quelqu'un, dont les pas ne faisaient aucun bruit, s'était introduit dans la chambre. Charles-Geneviève ne savait pas à quel moment ni par quelle porte, mais quelqu'un était là, il en était certain, dont la présence l'avait sorti du sommeil. Sans bouger la tête sur l'oreiller, il ouvrit les yeux ; par chance, il était tourné de façon à pouvoir voir toute la pièce. Avec lenteur, sans faire remuer les draps, il chercha la poignée de son épée et la serra dans sa main. Les pistolets étaient trop loin mais, du regard, il repéra exactement leur position pour pouvoir les saisir d'un geste si la situation s'aggravait soudain.

D'Éon, immobile dans son lit, était parfaitement éveillé maintenant. L'inconnu, une silhouette sombre, se tenait arrêté devant la table à écrire. Que cherchait-il ? Des écrits compromettants ? Le chevalier était sûr de ne rien posséder dans cet appartement qui puisse amener à le suspecter de quoi que ce soit. Il n'y avait rien sur cette table, seulement des livres français. Ses rasoirs dans la salle de bains ? Toutes les femmes en possédaient, comment se seraient-elles arrangées autrement avec leurs jambes ?... Les pistolets ? Ils étaient licites chez une femme un peu prudente résidant seule dans un pays qui n'était pas le sien. L'épée était celle de son uniforme de lieutenant de Préobrajenski, donc un cadeau de l'impératrice... La seule chose qu'il avait à cacher était lui-même. Et justement, l'épée et lui-même se trouvaient ensemble dans le lit ; si le visiteur avait le projet de s'approcher de ce lit, il prendrait l'une à travers le corps avant d'avoir le temps d'apercevoir l'anatomie de l'autre. Agression nocturne, légitime défense, réaction de panique, Lia de Beaumont aurait toutes les excuses de la terre à sa disposition... Le chevalier, aux aguets comme un chat, tous les muscles tendus, était prêt à réagir au premier signe de danger.

Mais le visiteur prenait son temps. Grâce à la veilleuse, d'Éon pouvait distinguer ses mouvements. Il soulevait les livres un par un, les examinait, et d'une manière qui semblait un peu étrange au chevalier, les replaçait en piles, lissant même les arêtes pour les rendre bien nettes. « Il ne s'est tout de même pas introduit ici pour classer les livres que je lis à la tsarine... », pensa d'Éon.

Enfin l'inconnu se tourna vers le lit et, à la lueur dansante de la lampe de l'icône, Charles-Geneviève reconnut le comte Balachine qui le regardait fixement.

« Corne de bœuf ! Que fait-il ici, à cette heure, dans ma chambre ? s'interrogea d'Éon, stupéfait. Je le croyais retourné à sa campagne... »

— Vous ne dormez pas, Lia Timotevna, dit le comte à voix haute. Vous ne pouvez pas tromper quelqu'un qui vous connaît comme je vous connais.

Charles-Geneviève ne répondit rien et ne bougea pas mais, sous le drap, il affermit sa prise sur la poignée de l'épée.

— Et sur autre chose, vous ne me tromperez plus, continua le comte. Vous n'êtes pas une femme, Lia Timotevna, vous êtes un homme !

Le chevalier se sentit soudain étreint par la peur. Le comte Balachine savait ! Était-il venu, comme Mackenzie en avait prévu le danger, pour se venger de cette trahison ? Et que devait-il faire, lui, tout de suite, le chevalier d'Éon ? Tuer Balachine avant d'être tué par lui ?... Pourtant, dans l'immédiat, le comte ne semblait pas menaçant. Il restait où il était et n'avait pas d'arme à la main. Mais comment avait-il découvert la vérité ?

— La vérité, Lia Timotevna ?... demanda le comte Balachine comme s'il avait suivi les pensées de Charles-Geneviève.

Une autre personne se trouvait dans la pièce. Une femme vêtue de noir se tenait debout dans l'ombre, près de la porte communiquant avec la chambre d'Iline. Qu'avaient-ils fait à Iline, tous les deux, pour pouvoir arriver jusqu'ici ? Est-ce qu'ils l'avaient assassiné ? Et brusquement, il reconnut la femme : c'était Ismène Gontet-Joly. Tout s'expliquait. La dénonciation venait d'elle. Mais, comment pouvait-elle être de retour à Pétersbourg ? Il avait vu le navire sur lequel elle se trouvait quitter le quai à destination de la Caraïbe... À l'heure qu'il était, elle aurait dû se trouver quelque part sur l'immensité de l'Atlantique. Est-ce que les contrebandiers québécois qui l'avaient emmenée avec eux s'étaient laissé arrêter ? Alors, ils avaient été tous pendus ?... Mais le port était pris par la glace, on ne pouvait pas entrer ni sortir, comment se trouvait-elle là ? Elle était donc revenue par voie de terre...

— La vérité, Lia Timotevna ?... répéta le comte.

Il était maintenant au pied du lit, assez près pour toucher Charles-Geneviève. D'Éon savait de manière certaine qu'il lui fallait réagir à l'instant même, qu'après il serait trop tard, mais quelque chose en lui ne s'enclenchait pas. Était-ce la peur ? Le geste qu'il avait la volonté d'accomplir, faire jaillir son épée et repousser le comte le plus loin possible, ne venait pas, ne voulait pas venir, et le comte Balachine se tenait debout à moins d'un pas de lui... Mais en un instant tout se débloqua. D'une main, d'Éon saisit le poignet du comte et le serra comme dans un étau. De l'autre, il voulut dégager l'épée, mais elle se prit dans les draps et il ne parvint qu'à heurter fortement la poitrine de Balachine avec la poignée.

— Recule ! ordonna-t-il brutalement. Recule ou je te transperce !

— Lia Timotevna ! Pas avoir peur ! Pas peur, Lia Timotevna !... répétait Iline, le visage terrifié.

Le jeune valet ne demandait pas mieux qu'obéir à sa maîtresse et reculer, mais celle-ci le maintenait avec un poignet de fer.

— Réveille-toi, Lia Timotevna, insistait Iline en tremblant, réveille-toi...

Le chevalier pendant un instant ne comprit pas. Où se trouvait maintenant le comte Balachine ?... En tout cas, Iline semblait bien vivant et c'était en soi une bonne nouvelle.

— Quelle heure est-il ? demanda enfin d'Éon.

Tout lui semblait confus. Iline avait allumé un chandelier à deux bougies posé sur une console. Il faisait nuit noire, mais dans ce pays en cette saison le jour se levait très tard.

— Il être six heures, Lia Timotevna, répondit Iline encore pâle de la peur qu'il avait eue. Réveille-toi très vite car notre petite mère l'impératrice être là et veut parler à toi.

Charles-Geneviève s'assit d'un seul coup. La dame en noir debout près de la porte était bien réelle et il ne s'agissait pas de Mme Gontet, c'était l'impératrice !... Transe des démons des tréfonds ! La tsarine dans sa chambre... En pleine nuit et sans prévenir, encore... Dieu merci, sa toilette de nuit était irréprochable. Ample chemise de nuit à grand col lacé et bonnet très couvrant attaché sous le menton par des rubans. Il passa très vite une main sur sa joue et fut rassuré par ce qu'il sentit, le poil était imperceptible. Il se leva précipitamment, personne ne demeurait assis, et encore moins couché au lit, en présence de l'impératrice à moins d'être malade ou mourant. Iline, comprenant que sa maîtresse était maintenant bien éveillée, salua l'impératrice jusqu'à terre et se retira en refermant la porte derrière lui.

— Pardonnez-moi, Majesté... balbutia Lia.

— Calme-toi, Liouchenka, dit Élisabeth en s'approchant. Que t'arrive-t-il ? Tu as fait un cauchemar ?

— Oui, Majesté. J'ai rêvé... Je ne sais plus exactement...

— Ma pauvre enfant...

L'impératrice était vêtue d'une robe et d'un manteau de voyage au vaste capuchon de fourrure, tout cela de couleur noire. Elle avisa l'épée dans les draps et la paire de pistolets sur la table de chevet.

— Tu as peur la nuit ? demanda-t-elle.

— Oui, Majesté. Je sais que c'est une sottise mais c'est plus fort que moi.

— Ce n'est pas une sottise. Moi aussi j'ai peur la nuit. Il n'y a rien de plus effrayant que la nuit... Mais des armes n'y changeraient rien. On ne peut pas tirer au pistolet sur des idées.

Élisabeth se tut quelques instants, comme si elle cherchait ses mots ou se recueillait.

— Liouchenka, je ne voulais pas te faire peur. Je voulais te demander un service. Je voudrais que tu m'accompagnes quelque part... Mais, vois-tu, l'endroit où nous irons et ce que nous allons voir, c'est si grave et si secret que je voudrais que tu me jures auparavant par le plus solennel des serments que jamais tu ne révéleras à personne ce que tu auras vu. C'est pour cette raison que je suis venue ici moi-même, je ne voulais même pas envoyer quelqu'un te chercher... Tu n'es aucunement obligée, bien sûr, et je ne t'en voudrais pas si tu préfères ne pas...

L'impératrice n'acheva pas. Elle était troublée mais d'une sincérité évidente. Charles-Geneviève ne savait pas ce qui s'était passé mais quelque chose avait changé depuis la veille au soir. Quand il l'avait quittée, elle était fataliste, résignée, indolente... Dans ce petit jour encore sombre comme la nuit, elle semblait énergique et déterminée comme il ne l'avait plus vue depuis plusieurs semaines. Et surtout, une émotion profonde et véritable vibrait dans sa voix.

Ce mélange de douleur puissante et de résolution alla droit au cœur du chevalier. Et plus encore la confiance qu'elle lui témoignait, au point de venir elle-même, seule dans la nuit, le chercher... Il se sentit sincèrement ému. Il comptait donc pour elle ? Lia n'était pas seulement une nouvelle présence qui la changeait un peu de ses personnes de compagnie habituelles ? Il était sur le point de répondre, en toute bonne foi, loyauté et amitié offerte, qu'il était prêt – enfin, que Lia était prête ! – à l'accompagner immédiatement, et jusqu'au détroit de Béring si elle le désirait, quand la pensée lui vint, fulgurante et évidente comme le jour, qu'il n'avait pas le droit de se laisser confier un secret qui semblait avoir pour elle tant d'importance alors qu'il la trompait tous les jours que Dieu faisait sur son identité et son affiliation au secret de Louis XV.

Mais comment faire ? Il ne pouvait tout de même pas répondre à l'impératrice que cette attention le touchait beaucoup mais qu'il préférait retourner se coucher et qu'il lui souhaitait bon voyage... Et il n'allait pas non plus lui révéler qu'elle s'apprêtait à confier son secret à un agent français infiltré.

Mais une nouvelle idée, plus solidement campée que les autres, se présenta d'elle-même et chassa ses hésitations. Il avait prêté serment au comte de Broglie de ne jamais rien révéler de ce qu'il pourrait apprendre au cours de ses missions à aucune personne étrangère aux services secrets français. Mais il n'avait pas juré qu'il rapporterait à ses supérieurs *tout* ce qu'il pourrait être amené à découvrir. La promesse que lui demandait Élisabeth n'était pas inconciliable avec le serment fait à Louis XV et au comte de Broglie. Il pouvait très bien garder pour lui ce que l'impératrice avait l'intention de lui montrer aujourd'hui, et respecter ainsi séparément ses deux serments.

Son ordre de mission avait consisté à remettre une lettre à Élisabeth, puis par extension à entretenir des relations chaleureuses entre la tsarine et la France en attendant l'arrivée d'un ambassadeur officiel. Et cette mission, il l'accomplissait de son mieux.

Mais il ne s'était pas engagé à essayer de surprendre les secrets de la tsarine au bénéfice de la France.

Quelques jours plus tôt, l'idée de découvrir et de transmettre au roi et au comte de Broglie un renseignement encore insoupçonné, l'aurait empli d'enthousiasme mais, sans qu'il s'en rende vraiment compte, la règle du jeu venait de changer pour lui. À l'instant présent, ses succès personnels comme agent secret étaient devenus moins importants que le désir intègre de respecter l'amitié qu'Élisabeth lui offrait.

Notons que pas un instant il ne fut retenu par l'idée que partager les secrets des souverains était aussi dangereux que s'asseoir sur un tonneau de poudre en manipulant des allumettes.

— Bien sûr, je veux venir avec toi, Matouchka, répondit Lia. Et bien sûr, je promets de conserver pour moi à jamais ce que tu auras voulu que je voie.

— Merci, mon enfant. Je sais que tu sais garder un secret. Habille-toi vite, mon traîneau est prêt. Je t'y attends. Couvre-toi bien, il fait froid.

— Matouchka, interrogea Lia, dois-je être ta lectrice ou ton aide de camp ?

Élisabeth demandait parfois à Lia et Yuliia de se vêtir de leurs uniformes d'officiers quand elles l'accompagnaient quelque part. « Cela me donne une image plus martiale et sérieuse, disait-elle, et cela fait gagner du temps. Un groupe de femmes en robe, pour les gens, c'est forcément bavard, tête en l'air et frivole, même quand l'impératrice en fait partie. Mes interlocuteurs se sentent plus en confiance et vont plus vite au but si je suis accompagnée par des hommes. » Yuliia devenait alors le lieutenant Youri et elle adorait ce jeu. Elle prenait une expression arrogante et désinvolte qui selon elle convenait à un tout jeune officier bien vu de l'impératrice. Lia, devenue Émilius, se contentait d'ajouter un degré de masculinité à son personnage par une position du dos et des épaules plus raides, ainsi qu'une contenance silencieuse et bien militaire. Rien de difficile là-dedans.

— Mon aide de camp, décida-t-elle après avoir pesé la question pendant quelques instants. Tu seras mon escorte.

— Matouchka, fit encore observer Lia, Iline sait que tu es venue ici, et il saura que je suis partie avec toi.

— Aucune importance. C'est demain Noël, dis-lui que nous allons faire retraite dans un couvent chez de très saints pères qui vivent dans le plus grand renoncement. C'est ce que j'ai dit de mon côté. Pour tout le monde, c'est là que nous aurons passé la journée.

3

Le vol du *Gamaïoun*

Le traîneau de l'impératrice attendait, non pas sur l'esplanade du palais et éclairé par dix valets portant des torches, mais dans l'ombre, sur le côté du bâtiment, le long du canal d'Hiver. Ce n'était pas son large traîneau blanc à six chevaux peint aux armes de la Russie que le pays entier lui connaissait, c'était une troïka en bois sombre, sans marque ni blason, aux rideaux tirés devant les fenêtres. Toutefois, c'était bien celui dont Élisabeth avait parlé. Charles-Geneviève reconnut ses chevaux, des chevaux de très grand prix, trois trotteurs d'Orlov à la robe gris pommelé, grands, à la tête fine, au pied sûr sur la neige glacée, et rapides comme le vent. Il reconnut aussi Van'ka, son cocher de confiance, occupé à resserrer les traits des harnais.

Van'ka ne conduisait que pour l'impératrice et il supportait très mal qu'un autre la conduise. C'était un homme maigre et sombre, plutôt petit, qui ne parlait presque jamais. Le plus souvent, Élisabeth lui indiquait elle-même l'endroit où elle voulait aller, alors il secouait brièvement la tête pour dire que c'était entendu. Si quelqu'un ajoutait des remarques sur la meilleure route à prendre, la neige qui menaçait ou la prudence en général, il tournait le dos avec mauvaise humeur pour signifier que ces décisions n'appartenaient qu'à lui.

Dans les premiers temps, d'Éon avait cru que Van'ka était muet, mais il comprit que ce n'était pas le cas en l'entendant injurier ses chevaux avec véhémence un jour où il était manifestement mécontent d'eux ; et il pouvait aussi user d'une voix formidable pour envoyer au large les moujiks qui avaient l'impudence d'encombrer sa route. Hors ces circonstances, c'était l'homme le moins bavard de la terre.

Élisabeth était déjà installée dans le traîneau, une couverture de mouton retourné étendue sur les genoux. Charles-Geneviève eut la surprise agréable de découvrir qu'il y faisait bon et chaud grâce à un petit poêle recouvert de faïence posé sur le plancher entre les deux banquettes. À genoux dans la paille répandue par terre, il reconnut Zina, la petite servante d'Élisabeth au visage de Tartare, occupée à bourrer le poêle de bois. Il connaissait bien Zina. Il lui semblait que, où que soit Élisabeth, en cherchant un peu on découvrait Zina dans un rayon proche.

— Tu as fait vite, Liouchenka, remarqua l'impératrice avec un sourire.

Charles-Geneviève n'avait pas mis plus de cinq minutes pour enfiler son uniforme, se maquiller en fille et rejoindre le traîneau. Élisabeth entrouvrit sa porte et passa la tête :

— Nous pouvons aller, Van'ka !... Puis, s'adressant

de nouveau à Lia : assieds-toi en face de moi, là, tu seras bien... Je pense que tu n'as rien mangé ?

— Je n'ai pas eu le temps, Matouchka.

— Ce n'est pas grave, Zina a tout ce qu'il faut. Des pâtés, des pirojkis, des gâteaux... Demande-lui ce que tu veux. Et elle va nous préparer du thé... Mais fais attention, tout ce qu'elle te sert, tu dois le manger jusqu'au bout sinon tu lui feras de la peine.

— Je connais cela, répondit Lia avec un bon et franc sourire, Iline est pareil. Mais cela tombe bien parce que justement j'ai très faim. Zina ne sera pas déçue.

— Ah ! ma Liouchenka, comme j'aime ta bonne humeur... Comme je suis contente que tu sois là avec moi... Avant de venir t'éveiller, j'étais sur le point de partir seule, mais le courage d'un seul coup m'a manqué et l'idée m'est venue que tu voudrais peut-être m'accompagner.

— C'est moi qui suis heureuse que tu aies eu cette idée, Matouchka.

Élisabeth expliqua quelque chose à Zina dans une langue dont Charles-Geneviève ne comprit rien et qui n'était pas le russe qu'il tentait d'apprendre. Elle lui annonçait sans doute cette bonne nouvelle que Lia avait très faim, car la petite Tartare se tourna vers la jeune fille avec un joyeux sourire, comme si nourrir l'amie de l'impératrice était une grâce spéciale que le Ciel lui avait réservée ce jour-là.

— Pardon, Matouchka, mais quelle est cette langue dans laquelle tu parles à Zina ?

— La langue de son village, près de Riazan. Ma mère y avait un domaine, nous allions y passer l'été quand j'étais enfant. Un jour, le père de Zina s'est fait prendre par le garde forestier en train de ramasser du bois dans une forêt de mes parents. La loi était claire : c'était douze années à l'armée. Mais, vois-tu, le père de Zina avait six marmots, qui les aurait nourris, alors ? J'ai demandé sa grâce et mes parents me l'ont accordée. Et Zina qui devait avoir dix ans a décidé que, de ce jour, son devoir était de ne plus me quitter et de me protéger. Je crois que si je la chassais, elle en mourrait.

— Depuis tout ce temps, elle n'a jamais voulu apprendre le russe ?

— Non. Elle se méfie de ce qui appartient à ma cour, pas toujours à tort, du reste.

— Connais-tu beaucoup de ces langages qu'on parle dans les villages, Matouchka ?

— J'en comprends quelques-uns... Mais le russe pour tout le monde, vois-tu, c'est l'un de mes plus grands projets. Je voudrais que tous les enfants, filles et garçons, dans chaque village l'apprennent. Petit à petit, cela se met en place, on paye le pope pour faire la classe aux enfants, mais ce n'est pas facile. Il y a un travail énorme à accomplir : il faut vaincre les réticences des parents, des propriétaires des serfs, compenser le manque à gagner des familles...

Je voudrais convaincre et non pas forcer. Et mon grand dessein, ce sera de remplacer les popes par des maîtres d'école ; l'Église va hurler, mais je m'y prépare... J'essaie aussi de créer une université russe à Moscou, où l'enseignement soit dispensé aux étudiants entièrement en russe. Mais, là encore, j'ai contre moi tout le corps des professeurs qui crient comme si on les écorchait parce que nous allons à l'encontre de ce qui s'est toujours pratiqué, eux-mêmes ayant fait toutes leurs études en allemand.

Décidément, songeait Charles-Geneviève, Élisabeth allait mieux. Les mains enroulées autour de sa tasse de thé pour en capter la chaleur, ses yeux et son visage s'animaient quand elle parlait de son université russe et de ses maîtres d'école, alors que ces dernières semaines plus rien n'avait semblé pouvoir l'intéresser... Était-ce l'endroit où l'on allait qui avait cet effet bénéfique ? Ou simplement, comme le pensait Yuliia, le fait de passer la date fatidique de Noël ?... Mais qu'avait donc Noël de tellement sinistre ? Noël était pourtant censé être une fête joyeuse...

D'Éon songea qu'il n'avait aucune idée du lieu où l'on se rendait. Élisabeth n'avait rien précisé. Il lui avait juste semblé qu'en sortant du palais, Van'ka avait pris la direction de l'est. Les rideaux étaient tirés mais, même s'ils avaient été ouverts, la nuit était encore noire et l'on n'aurait rien pu voir. Il pensa aussi qu'entre Van'ka qui ne disait jamais rien et Zina qui ne parlait que la langue de son village, Élisabeth n'avait emmené dans ce voyage que les plus muets, les plus dévoués et les plus sûrs de ses serviteurs. Aucune escorte ne l'accompagnait, ce qui était exceptionnel, il n'avait encore jamais vu cela... Alors pourquoi avait-elle choisi Lia, qui n'était même pas russe et qu'elle ne connaissait que depuis un peu plus de trois mois, pour venir aussi ? Il ne voyait pas... Peut-être, comme elle l'avait dit elle-même, était-ce seulement un désir subit au moment de partir, quelque chose qui s'était passé de raisonnement...

Zina servit à Lia des pâtés et des pirojkis, réchauffés dans le tiroir du poêle. Lia mangea tout jusqu'à la dernière miette, pour faire plaisir à la petite Tartare qui riait à chaque pâté englouti et surtout parce qu'elle avait authentiquement très faim. Elle prit juste garde de manger comme une demoiselle d'honneur bien élevée et non comme un gros malpropre affamé. Mais cela, encore, c'était quelque chose que Charles-Geneviève savait désormais faire sans avoir à y penser.

— Je suis comme Zina, remarqua Élisabeth, ton bon appétit me fait plaisir à voir, Liouchenka... Et je crois que tu m'as donné faim... Zina, sers-moi donc aussi des pirojkis et de ces blinis, mets de la crème dessus, plus que cela, voilà... Et donne-moi encore du thé.

Le repas terminé, l'impératrice, bercée par le glissement du traîneau et fatiguée par plusieurs semaines de mauvais sommeil, appuya sa tête au dossier et ferma les yeux. La petite Tartare, voyant sa maîtresse s'assoupir, rangea en quelques gestes la vaisselle dans un coffre, se roula en boule sur un coin de la banquette et s'endormit profondément. Charles-Geneviève ne bougeait pas et ne disait mot pour ne pas déranger ses compagnes de voyage.

Après un moment, il écarta d'un doigt le rideau qui se trouvait près de lui pour tenter de comprendre vers où l'on se dirigeait. Il faisait encore nuit. Dans le silence et l'obscurité, le traîneau glissait à travers une forêt de sapins géants chargés d'une neige lourde et dense. Cela ne le renseignait pas beaucoup.

D'ordinaire, quand l'impératrice se déplaçait, dès que la pénombre s'annonçait, une escorte envoyée en avant balisait la route en plantant tous les quatre ou cinq cents pas de hautes torches dont le chiffon imbibé de graisse produisait une large flamme jaune, bien visible de loin. Mais ce matin, il n'y avait aucune torche, aucune lumière le long de la route. Van'ka traçait seul son chemin dans la nuit, ce qui était loin d'être une chose facile. Déjà, de jour, dans certaines plaines – et Dieu sait si elles étaient vastes dans ce pays ! – quand le vent effaçait les traces des chevaux passés précédemment, il pouvait arriver à tout instant de sortir de la route sans s'en apercevoir. La seule solution pour retrouver son chemin était alors de revenir sur les marques des pas – sans perdre de temps car le vent les soufflait vite ! – jusqu'à ce qu'on retrouve un jalon de la route, qui était en général une branche d'arbre élaguée plantée verticalement.

Mais Van'ka conduisait grand train dans la nuit, sans jamais paraître hésiter sur sa direction. Ces trotteurs d'Orlov étaient incroyablement rapides. Tous les quarts d'heure environ, Van'ka ralentissait leur course ; ils revenaient à un trot modéré, ample et tranquille. D'Éon entendait alors le cocher sauter à terre et, les guides en main, courir à côté du traîneau pendant une ou deux minutes. Il pouvait entendre son souffle de l'autre côté de la cloison de bois. C'était ainsi que les cochers de traîneau luttaient contre le froid et prévenaient l'engourdissement et le gel des membres qui pouvaient les saisir s'ils demeuraient trop longtemps sur leur siège en plein vent.

Deux heures après le départ, on s'arrêta dans ce qui semblait être un relais. D'Éon n'osa pas écarter le rideau pour regarder. Un valet curieux pouvait être tenté de jeter un regard à l'intérieur et, de toute évidence, l'impératrice tenait à ce que son voyage reste secret.

Élisabeth et Zina dormaient toujours, l'arrêt ne les avait pas dérangées. Le chevalier ne bougeait pas. Il entendit qu'on dételait les chevaux et qu'on les remplaçait par d'autres. Par ce froid, on ne pouvait guère leur demander plus de deux heures d'un pareil effort... Puis l'équipage repartit et reprit sa route à travers les forêts et les champs de neige.

Le ciel qui avait été d'un noir d'encre devenait gris, le jour se levait enfin. D'Éon, sans bruit, tira sa montre de sa poche, une petite montre gracieuse et féminine ornée d'une guirlande en vermeil, choisie par Amélie dans une boutique du Palais-Royal. Il allait être dix heures... L'impératrice ouvrit les yeux.

— Quelle heure est-il, Liouchenka ?

— Bientôt dix heures, Majesté.

— Nous ne devrions plus être loin... Veux-tu ouvrir les rideaux ?

Le traîneau longeait une immense étendue blanche, plate comme une plaque de marbre. Le ciel à l'horizon se teintait de zébrures jaunes. D'Éon comprit soudain : ce qu'il voyait là n'était pas un champ de neige, c'était un lac, un très grand lac recouvert par la glace.

Élisabeth aussi contemplait le paysage qu'ils avaient sous les yeux.

— Parfois, au début de l'hiver, dit-elle, l'eau de ce lac devient très froide, bien au-dessous de zéro, mais elle ne gèle pas parce que le courant est fort et que l'air reste doux... Et puis, d'un seul coup, arrive le vent du nord qui descend de la mer de Mourmansk et le froid devient intense ; on dit que c'est le Gamaïoun qui prend son envol. Le Gamaïoun, c'est un oiseau qui a les grandes ailes d'un cygne noir et la tête d'un beau jeune homme. Il sait tout sur la création de la Terre et du Ciel, des hommes, des oiseaux et des animaux... Quand le Gamaïoun s'élance, il crie. Sur son passage, les lacs, les fleuves et les ruisseaux sont saisis par le gel, et l'eau qui gèle d'un seul coup produit un cri de verre qui vibre. Une année, j'ai vu ce lac geler en quelques instants sous le vol du Gamaïoun... Les vagues se sont immobilisées en l'air et ont semblé rester suspendues dans le vide... Et il s'est élevé un son immense qui a résonné pendant plusieurs secondes, comme le *la* d'un orgue géant, a dit le comte Razoumovski qui se trouvait alors avec moi...

— Quelle terrible beauté que celle de ton pays, Matouchka..., murmura Lia.

La route venait de passer une pointe, et un espace plus grand du lac était maintenant visible. D'Éon aperçut soudain une île au milieu de l'étendue de glace, à un demi-mille environ de la côte, sur laquelle se dressait un édifice ceint de remparts ; deux tours rondes assez larges ; une tour carrée à chaque angle.

« Une citadelle... », pensa le chevalier. Puis, brusquement, il se souvint des descriptions du chevalier de Douglas. « Le lac Ladoga ! Cette forteresse doit être celle de Schlusselbourg !... »

Cet endroit était très probablement celui où Mackenzie avait passé plus de deux semaines afin de détourner sur lui la surveillance dont Charles-Geneviève aurait pu être l'objet à Saint-Pétersbourg. Le paysage ressemblait à ce qu'il avait décrit, et la distance parcourue depuis l'aube correspondait... Alors, ce fort sur une île serait celui que Douglas avait observé sans pouvoir comprendre quelle était sa mission particulière ?... Et si j'ai raison, songea encore d'Éon, il devrait y avoir sur la rive, en face de l'île, la ville de Schlusselbourg...

Lia ne tendit pas le cou pour chercher à apercevoir le bourg. Elle ne montra aucune curiosité particulière. Et, surtout, elle garda pour elle ses pensées. En effet, l'impératrice depuis le départ n'avait prononcé aucun nom.

On arrivait bien à une sorte de gros village... Des maisons enfouies sous la neige au-dessus desquelles des traits de fumée s'élevaient droit vers le ciel. Mais, avant l'entrée de la petite ville, Van'ka fit ralentir les chevaux ; il quitta la route principale et les dirigea vers le bord du lac, traversant au pas un champ couvert de neige. Il les ralentit davantage pour franchir la berge et engager le traîneau sur la surface gelée. Il les retint encore pendant une vingtaine de pas afin d'éviter les pierres de la rive qui auraient pu émerger de la glace et la fragiliser puis, quand il eut atteint la surface lisse, il les lança à pleine vitesse droit vers la forteresse.

À l'extrémité orientale du lac, le soleil, comme une boule orange, sortait des brumes qui estompaient l'horizon. La surface du lac, d'un blanc terne un moment plus tôt, s'éclaira et devint brillante et lumineuse. Le traîneau, plus rapide encore que sur la neige dure, glissait à une vitesse étonnante ; il volait sur la glace. Zina, le nez à la fenêtre, riait de la vitesse et de la beauté du paysage. Lia se tenait sage mais elle en aurait volontiers fait autant, emportée elle aussi par l'éblouissement de ces instants. Mais l'impératrice, assise droite et silencieuse, contemplait d'un air profondément grave le fort dont on approchait à grande vitesse.

Elle s'était un peu détendue pendant ce voyage, mais quelque chose avait changé depuis que la forteresse était apparue. Le moment n'était pas pour elle à l'amusement ni à la contemplation des beautés boréales. Son visage avait revêtu une expression grave et solennelle.

« L'expression de quelqu'un qui a une grande responsabilité à endosser, et qui a rassemblé toutes ses forces morales pour le faire... » songea soudain d'Éon. Mais pourquoi venait-elle ici aujourd'hui ?... Vraiment, il n'en avait aucune idée.

En quelques minutes, le traîneau eut rejoint l'île. Van'ka, par à-coups prudents sur les guides, ralentit progressivement ses chevaux et vint s'arrêter près d'une sorte de quai de bois qui devait être un embarcadère quand l'accès se faisait en bateau. Il tira une corne de sous son siège et souffla deux longs coups qui sonnèrent dans le silence et l'air froid, et dont l'écho revint, renvoyé par les hauts murs de la forteresse.

Quelques minutes encore passèrent, puis la grande porte du fort s'ouvrit et un homme apparut qui s'engagea sur le chemin descendant vers l'embarcadère. « Une seule personne pour accueillir la tsarine ? Et en la faisant attendre... », s'étonna d'Éon. Il n'avait encore jamais vu cela depuis qu'il était en Russie. D'habitude, où qu'elle se rende, des villages entiers et des régiments complets se déplaçaient pour la saluer. Et il lui sembla, encore qu'il fût à contre-jour, qu'il ne distinguait aucune sentinelle sur la berge et les remparts. L'endroit était-il désert ? Mackenzie avait pourtant dit que ce lieu lui avait semblé être le mieux gardé de toute la région de Saint-Pétersbourg. Tout le monde serait-il parti ?...

— Reste ici, Zina, dit l'impératrice à la petite Tartare. Mets autant de bois que tu veux dans le feu, garde-toi au chaud.

Puis, se tournant vers Lia.

— Liouchenka, tu viendras avec moi. Et rends-moi service, charge-toi de cela.

Zina avait sorti de sous la banquette un paquet plat enveloppé de papier qu'elle remit avec autorité à Lia.

L'homme qui venait à leur rencontre descendait lentement le chemin, posant les pieds avec précautions pour ne pas glisser sur la neige durcie. Élisabeth, silencieuse, le regardait approcher.

— Tu te souviens de ce que tu as promis ? demanda-t-elle soudain à Lia sans se retourner.

— Oui, Majesté. Et je promets encore si vous Votre Majesté le veut.

4

« Nomer Odin »

L'homme s'engagea à pas prudents sur la surface gelée du lac. Van'ka sauta à terre et ouvrit la portière de la troïka.

— Bienvenue, petite mère des peuples, dit ce personnage en s'inclinant très bas, Dieu vous bénisse, qu'Il soit loué pour vous avoir protégée durant votre voyage.

Ce bonhomme ne ressemblait en rien à ce que Charles-Geneviève s'attendait à rencontrer sur cette île. Il aurait cru trouver ici un militaire de carrière au visage creusé et à la voix rauque, habitué à la solitude des postes avancés. Ou un religieux à la barbe longue et au regard sévère ; Élisabeth avait parlé d'aller passer la journée chez des pères très pieux, et d'Éon n'avait pas compris si cette destination était la vraie ou seulement un prétexte ; il pouvait très bien y avoir un couvent sur cette île ; l'endroit s'y prêtait tout à fait... Mais le personnage affable et replet qui se tenait à la portière avait l'apparence la plus surprenante qu'on puisse rencontrer en pleine solitude arctique, en hiver, quelque part entre le golfe de Finlande et la mer de Mourmansk.

Il ressemblait à quelqu'un qu'on aurait pu croiser dans les galeries de Versailles, perruque, visage poudré, habit brodé à la française, souliers à boucles et bas de soie. Il portait seulement par-dessus tout cela une pelisse et une chapka de fourrure car il devait faire moins quinze au-dessous de zéro.

Élisabeth lui tendit la main qu'il baisa avec déférence. Sans doute, pensa d'Éon, était-ce le gouverneur de l'île et il s'était fait beau pour recevoir la tsarine... Mais le gouverneur de qui ou de quoi ?... Car on n'apercevait rien ici qu'on puisse appeler une garnison... Le silence était complet. Pas une voix, pas un appel. On n'entendait que le vent soufflant sur ce fort abandonné. Que pouvait faire ce fantôme de Versailles dans ce désert de glace ?...

L'impératrice et l'homme à la perruque montèrent le chemin qui menait à la poterne. Lia, dans son uniforme d'aide de camp, les suivit. Et d'Éon pouvait désormais le confirmer : il n'y avait aucun soldat, aucune sentinelle visible, ni près de la porte, ni sur les chemins de ronde.

Mais le chevalier entrevit soudain une autre possibilité : ce n'était pas seulement pour une visite incognito que la tsarine venait ici aujourd'hui, c'était un déplacement couvert par le plus grand secret !... Quand Van'ka avait sonné de la corne, on avait dû donner l'ordre à toute la garnison de rentrer dans ses quartiers, de sorte qu'aucun soldat ou officier ne puisse apercevoir son arrivée... Seul le gouverneur avait le droit de savoir qui était là. Et ceci expliquait pourquoi l'impératrice avait attendu avec autant de patience dans son traîneau et avait paru parfaitement satisfaite d'un comité d'accueil aussi réduit.

Passé les remparts, la cour était bordée de bâtiments militaires aux murs de pierre grise, tristes et tous pareils, sauf d'un côté où s'élevait un pavillon coquet, inattendu dans cet endroit. Les fenêtres à petits carreaux étaient garnies à l'intérieur de rideaux blancs, et il était entouré de ce qui devait être un jardin à la belle saison. C'était la demeure du gouverneur de l'île.

— Que Votre Majesté me fasse la grâce d'entrer se mettre au chaud, dit celui-ci en s'effaçant pour laisser l'impératrice passer la première, mon épouse a préparé du thé.

On pénétra dans un salon plaisant, bien chauffé par un grand poêle en carreaux de faïence, sans doute bourré à craquer de bois car il régnait ici une chaleur agréable. Les meubles étaient tapissés de soie couleur prune. Il y avait des tableaux sur les murs et de petits personnages en porcelaine sur les tablettes. Le grand samovar en argent était allumé et l'eau bouillante chantait. Mais la femme qui avait arrangé cette pièce et préparé ce thé pour la tsarine était absente. Il semblait qu'elle non plus n'avait pas le droit d'apercevoir l'illustre visiteuse.

Le gouverneur versa le thé et présenta la tasse à Élisabeth qui prit place sur l'un des fauteuils prune. Lui-même et Lia restèrent debout.

— Merci, Nikita Fédorovitch, dit-elle, sois gentil de servir aussi mon aide de camp. Je te présente le lieutenant Émilius Timotéovitch.

Lia ne sourit pas. Au contraire, elle figea sur son

visage une expression virile et impassible, et salua en inclinant brièvement la tête.

— Soyez le bienvenu, Votre Noblesse, dit le gouverneur au jeune lieutenant.

— Merci, Excellence, répondit d'Éon.

Il ne savait pas par quel titre on s'adressait à ce gouverneur, mais les gens se plaignaient rarement d'être qualifiés d'Excellence.

— Eh bien, Nikita Fédorovitch, demanda Élisabeth, comment va ta femme ? Elle ne s'ennuie pas ici ?

— Oh non, Majesté. C'est une personne qui apprécie la tranquillité.

— Tes enfants vont bien aussi ?

— Ils vont bien, petite mère des peuples, grâce à Dieu. Ils sont grands maintenant. Ils sont à Saint-Pétersbourg, tous deux au corps des cadets.

— Tu me feras souvenir d'eux quand ils quitteront les cadets. Il faudra leur trouver une affectation qui leur plaise.

— Dieu vous bénisse pour cette pensée, Majesté.

L'impératrice sembla se recueillir un court instant. Une fine ride verticale se dessina le temps d'une ou deux secondes entre ses yeux. Son visage exprima la préoccupation. Le chevalier comprit que c'en était fini des politesses et des conversations de peu de conséquence.

— Parle-moi du Numéro Un, demanda-t-elle soudain. Comment se porte-t-il ? Il ne tousse pas, il n'a pas de rhume ?

Un sourire apparut sur le visage du gouverneur qui de toute évidence attendait cette question :

— Non, Majesté, pas de rhume, pas de toux. Il va

bien. Je dirais même que c'est son meilleur hiver depuis qu'il est ici.

— Il n'a plus mal au ventre ?

— Non, Majesté. Le docteur a découvert que c'est le gruau qui lui causait ces douleurs. Il a interdit pour lui le blé, l'orge et l'avoine et, depuis, tout va bien. Il s'est même mis à forcir. Votre Majesté va être heureusement surprise en le voyant.

— Que lui donnez-vous, alors ?

— Du riz et des pommes de terre, Majesté.

— C'est tout ?

— Oh non, Majesté. Il a tout ce qu'on peut avoir, viande, poisson, fruits... Pas de gâteaux, en revanche, à cause de la farine de blé... Mais mon épouse est en train d'inventer pour lui des gâteaux de riz, on pourra bientôt les lui proposer.

— Comme c'est curieux... C'était donc le blé seul qui le rendait malade.

— Le blé, l'orge et l'avoine, Majesté. Le docteur ne sait pas l'expliquer, mais il constate les faits.

— Il ne se plaint pas de ce régime ?

— Majesté, c'est l'être le moins difficile de la terre. Il s'occupe à peine de ce qu'on met dans son assiette.

— Donc, il va bien ?...

— Il se plaint parfois de douleurs dans les genoux, mais le docteur n'y voit aucun signe de gravité. Il dit que c'est un effet de la croissance.

Une expression de fierté s'installa sur les traits du gouverneur :

— C'est qu'il grandit bien, Votre Majesté !...

— Qui voit-il ?

— Moi ; notre aumônier, le père Dobromir ; le

docteur, une fois par mois ; et, bien entendu, ses deux gardiens qui ne le quittent jamais.

— Ce sont les mêmes que l'année dernière ?

— Ce sont les mêmes depuis son arrivée ici, il y a quatre ans, Majesté. Votre Majesté les connaît. Le major Mokeï et le capitaine Nadov.

— En effet, je me souviens, deux très bons officiers... Ils ne quittent jamais l'île ?

— Jamais, Majesté. Ils ont leurs quartiers dans la tour impériale, comme le Numéro Un, et ils n'en sortent pas. Le dimanche, l'un des deux assume seul la garde et l'autre se repose. Le major Mokeï aime la pêche ; en général, il prend ses cannes et ses lignes et va passer la journée sur les rochers à la pointe de l'île.

— Ils ne parlent jamais aux soldats de la garnison ?

— Jamais, Majesté, cela fait partie de leurs ordres. Ni aux soldats cantonnés à terre qui viennent ici chaque semaine renforcer la garde.

— En fait, dit l'impératrice, ils sont presque aussi prisonniers que le Numéro Un... Il faudra les récompenser pour cela... Si je suis contente aujourd'hui, je leur donnerai un nouveau grade et une prime pour Noël, mais ne leur dis pas tout de suite. Tu leur feras la surprise après les fêtes. Est-ce qu'il sort ?

— Oui, Majesté, tous les jours, le docteur l'a ordonné pour sa santé, sauf s'il fait excessivement froid ou s'il neige. Mais je ne le permets que la nuit, sur la petite terrasse en haut de la tour impériale, et accompagné de ses deux gardiens.

— Personne ne peut le voir, sur la terrasse ?

— Personne, Majesté. Ni de l'intérieur, ni de l'extérieur. Le rempart est plus haut que lui-même et j'ai fait fermer toutes les ouvertures par le charpentier avec du bois épais de quatre pouces. On ne peut pas le voir depuis le lac, et l'on ne pourrait pas non plus l'apercevoir depuis la terre, même avec une lunette d'astronomie très puissante. Et, un quart d'heure avant qu'il monte là-haut, toutes les sentinelles quittent le corps de bâtiment. Il ne croise personne sur son chemin. Aucun homme de la garnison ne sait même qu'il est là.

— Alors il ne sort que pendant la nuit ?

— C'est plutôt le soir que la nuit, Majesté, avant qu'il se couche. Mais, que Votre Majesté me fasse confiance, c'est beaucoup plus sûr ainsi. Et il aime bien cela, il adore regarder les étoiles. Et puis, en été, il n'y a pour ainsi dire pas de nuit.

— Tu fais, comme je te l'ai dit, gratter et repeindre sa chambre au moins une fois par an ?

— Bien sûr, Majesté. Chaque année avant les Rameaux. Je lui dis que l'impératrice veut qu'il ait une belle chambre pour Pâque, blanche comme doit l'être son âme.

— Tu n'as jamais trouvé sur les murs aucune inscription ni aucun message ?

— Eh bien, Majesté, quand il est arrivé, il voulait sans cesse dessiner sur les murs avec des morceaux de charbon. Et il n'y avait rien à faire pour l'en empêcher, ni le gronder, ni le priver de dessert, d'autant moins qu'il se moquait bien du dessert.

— Que dessinait-il ?

— Majesté, il était vraiment très jeune... Comme tous les enfants, il barbouillait des maisons, des bonshommes... Alors, comme il n'y avait rien à faire pour le décourager, je lui ai dit que je lui donnerai du papier s'il laissait ses murs en paix.

— Du papier ? N'est-ce pas un très gros risque ?

— Non, Majesté, car il est bien prévenu. Je lui donne cinq feuilles vierges par semaine à la condition expresse qu'il me rende auparavant les cinq feuilles utilisées de la semaine précédente parfaitement entières. Si l'une d'elles était déchirée ou s'il en manquait ne serait-ce qu'un morceau minuscule, il serait définitivement privé de feuilles neuves. Et ainsi, je récupère et contrôle tout ce qu'il écrit. J'aime mieux cela que s'il essayait de dessiner en cachette. Et il faut dire que cela l'occupe presque toute la journée, Majesté, ce qui soulage de manière considérable ses gardiens. C'est important car, d'eux aussi, il faut se soucier.

Élisabeth fit un bref signe de tête pour signifier qu'elle avait bien conscience de cette difficulté.

— Alors, qu'écrit-il ? demanda-t-elle.

— Il n'écrit pas. Il ne fait que dessiner. Je crois, Majesté, que le Numéro Un ne sait pas écrire... Il a appris à lire tout seul, personne ne sait comment, vers l'âge de cinq ans. Et on a découvert en même temps qu'il savait par cœur des chapitres entiers de la Bible... Mais sans doute n'a-t-il jamais appris à écrire. Il me semble qu'il n'a même pas l'idée qu'on puisse exprimer ses propres idées par l'écriture. Pour lui, l'écriture, c'est imprimé et c'est tout.

— Prends garde tout de même, il sait peut-être dissimuler ce qu'il connaît.

— Bien entendu, Majesté, je prends garde. Je consacre ma vie à cela.

— Que fais-tu de ces dessins ?

— Je les brûle, Majesté. Moi-même, sans témoin, dans la cheminée de mon bureau, en les recomptant, et après avoir mesuré les feuilles dans les deux sens afin d'être sûr qu'on n'a pas soustrait ne serait-ce qu'une infime bande de papier sur la longueur ou la largeur de l'une. Toutefois, j'ai conservé les dessins de cette semaine au cas où Votre Majesté aurait le désir de les voir.

— Oui, montre-les-moi...

Le gouverneur ouvrit un cartonnier et remit plusieurs feuilles à l'impératrice. Charles-Geneviève, placé derrière elle, put apercevoir par-dessus son épaule des tableaux au crayon noir d'allure naïve, des pages entièrement emplies de personnages, d'animaux, d'arbres, d'étoiles, de lunes et de toutes sortes de figures.

Élisabeth et le gouverneur, absorbés par leur conversation, semblaient avoir oublié la présence dans la pièce de Lia Timotevna, ou plutôt du lieutenant Émilius. D'Éon se demandait si l'impératrice l'avait gardé auprès d'elle avec intention ou si elle avait omis de lui dire de sortir. Dans le doute, il avait reculé de trois pas et se tenait aussi immobile et muet qu'un meuble du salon, faisant de son mieux pour ne pas déranger la conversation étrange de ces deux personnages.

Élisabeth et le gouverneur parlaient en russe, mais d'Éon le comprenait de mieux en mieux. Il avait l'habitude de la façon de prononcer d'Élisabeth et, grâce sans doute à l'élocution précise et distinguée du gouverneur, il avait l'impression de saisir un grand nombre de choses de leur entretien.

Ils s'entretenaient d'une personne qui avait pour eux beaucoup d'importance. Une importance capitale, même. On avait parlé de sa santé, de deux militaires qui l'entouraient – il avait reconnu les grades – et maintenant de ses dessins. Mais de qui il s'agissait, c'est ce qu'il n'avait pu comprendre. Il lui semblait même que, hors ceux des militaires et sans doute celui d'un curé, on n'avait pas prononcé de nom propre... Mais surtout, ce qu'il retirait nettement de l'atmosphère qui régnait dans cette pièce, c'est qu'un mystère profond était attaché à la personne dont on parlait. Pas seulement pour lui qui ne savait pas de qui il s'agissait, mais aussi pour l'impératrice et le gouverneur, qui, eux, nécessairement, le savaient.

Dans leur expression à tous deux, il y avait une sorte de sollicitude pour cette personne, presque de l'affection, mais en même temps quelque chose d'implacable. Une réelle inquiétude transparaissait dans les questions d'Élisabeth. Il y avait beaucoup de précision et de zèle dans les réponses du gouverneur. Tout cela faisait un mélange presque pénible qui mettait le chevalier mal à l'aise.

À plusieurs reprises, il avait reconnu l'expression *nomer odin*, « numéro un ». La première fois, il avait cru comprendre *odin*, dans le sens de « tout seul » Mais l'association des deux mots *nomer odin* était revenue plusieurs fois et son attention avait été attirée sur ces mots car la voix d'Élisabeth s'altérait légèrement quand elle les prononçait, celle du gouverneur aussi du reste... Ils prononçaient ces mots d'une manière particulièrement précise, un peu solennelle, un peu vite, d'un air impassible, comme s'ils avaient redouté ce qu'ils exprimaient. *Nomer odin*, Charles-Geneviève avait l'impression nette qu'une partie de l'explication du mystère se trouvait dans ces mots.

— C'est plutôt joli... dit Élisabeth qui contemplait pensivement l'un des dessins. Tu sais ce que ça représente ?

— Oui, Majesté, il est toujours content de les expliquer. Ce sont des scènes de la Bible. Et comme il n'a pas beaucoup de papier, il fait parfois figurer plusieurs sujets sur la même feuille. Voyez, celui-ci représente Joseph vendu par ses frères, et, là, dans le coin, c'est le Christ au mont des Oliviers.

— Des scènes de la Bible, c'est logique, c'est tout ce qu'il connaît du monde..., murmura Élisabeth.

— Que dois-je en faire, Majesté ?

— Brûle-les. Tout de suite. Devant moi. C'est terrifiant cette histoire de Joseph. Et celle de Jésus abandonné par les siens... Tous ces symboles !... On croirait que, sans le savoir, il raconte sa propre histoire... La Bible est un livre terrifiant !... Au fait, que lui permets-tu de lire ?

— Mais uniquement la Bible, Majesté, comme Votre Majesté l'a prescrit, l'Ancien et le Nouveau Testament... Votre Majesté veut-elle qu'on les lui retire ?

— Grand Dieu, non ! Ôter sa bible à un chrétien, et à un prisonnier en plus... ce serait un péché atroce... De plus, il la sait par cœur, le mal est fait, alors avec ou sans livre, maintenant... Il aurait fallu qu'il n'apprenne jamais à lire... Il ne t'a jamais dit qui lui avait appris ? Ni au père Dobromir en confession ?

— Jamais, Majesté. Il a peut-être oublié, ou il a vraiment appris tout seul, ou encore il a promis de ne jamais le révéler... Comme Votre Majesté le sait, la chose est arrivée quand il se trouvait à Kholmogory où la surveillance n'était pas ce qu'elle aurait dû être. Il avait alors cinq ans et quelqu'un, sans doute un gardien mais on n'a jamais pu savoir lequel malgré toutes les enquêtes, lui a donné clandestinement sa première bible. Et quand on s'en est aperçu, non seulement il savait la lire, mais il la savait en partie par cœur... Et pis que tout, la même personne lui a aussi fait connaître qui il était.

Élisabeth hocha la tête pour indiquer qu'elle savait tout cela.

— Celui-là lui a fait bien du mal, dit-elle, il l'a condamné au secret à vie. Mais c'était une erreur de le garder à Kholmogory... Cela paraissait une bonne idée parce que c'était très loin, mais justement parce que c'était trop loin on a manqué de vigilance.

— C'est que la distance ne règle pas tout, Majesté.

— Et ses crises ? demanda l'impératrice, ou ses colères, je ne sais pas comment tu appelles cela... ?

— Cela arrive encore de temps en temps, Majesté. Parfois, il n'en a plus pendant plusieurs mois, nous pouvons presque croire que c'est terminé, il est fort gentil et docile, et puis, on ne sait pourquoi, cela revient.

— On ne sait pourquoi... Il y a quand même une explication qui me paraît se présenter assez naturellement : son grand-père était fou. Le docteur trouve que cela ressemble à la folie ?

— Non. Il parle plutôt d'épilepsie ou de crises d'angoisse... Ce sont des choses fréquentes chez les prisonniers, que Votre Majesté me croie, je les connais bien... Et si Votre Majesté veut bien me permettre cette remarque, ces accès de colère parfois excessivement violents sont très différents du mal qui affectait son grand-père.

— C'est vrai, c'était un fou très doux. Il n'avait plus aucun jugement, il saluait les horloges et les portemanteaux, mais il priait sans cesse et il était toujours content de tout... Qu'est-ce qui déclenche les crises du Numéro Un ?

— Eh bien, Majesté, c'est presque toujours cette malheureuse circonstance dont nous parlions il y a quelques minutes. Quelqu'un dans ses très jeunes années lui a révélé qui il était, peut-être l'un de ses parents quand ils étaient en vie. Et cette personne lui a sans doute fait jurer par serment de ne jamais l'oublier. Il me semble que ce souvenir lui revient de temps en temps d'une manière très brutale. Alors il devient agité, farouche et il exige qu'on s'adresse à lui en l'appelant « Votre Majesté ». Bien entendu, on n'en fait rien. On lui dit qu'il se trompe. On tente de le raisonner. Mais ne pas être obéi le met en rage. Il tremble, il suffoque, il frappe ses gardiens, il se cogne contre les murs...

— Que faites-vous alors ?

— Le major Mokeï et le capitaine Nadov le mettent au lit et lui font prendre une potion que le docteur leur laisse pour ces cas-là, qui l'endort profondément pour plusieurs heures. Au réveil, il ne se souvient en général de rien. C'est pour cela que le docteur pense à une forme d'épilepsie.

— Ce pourrait aussi être un effet du médicament.

— Votre Majesté a raison.

Élisabeth songea quelques instants, puis se décida.

— Eh bien, dit-elle, allons le voir.

Le gouverneur s'inclina.

— Que Votre Majesté veuille bien m'attendre quelques instants. Je vais m'assurer que le règlement exceptionnel mis en place aujourd'hui est parfaitement appliqué.

5

Le Numéro Un

Le gouverneur revint après quelques minutes.

— Tout est prêt, Majesté, s'il plaît à Votre Majesté.

Élisabeth se leva et, pour la première fois depuis qu'on était entré dans ce salon, tourna les yeux vers Lia.

— Viens aussi, si tu le veux bien, dit-elle en français.

Lia inclina la tête et suivit l'impératrice et le gouverneur. La cour était déserte et silencieuse comme au moment de leur arrivée, au point que si la neige n'avait pas été balayée avec soin, ce qui avait dû représenter le travail d'un assez grand nombre de personnes, on aurait toujours pu croire que la citadelle était abandonnée. Ils se dirigèrent vers l'une des tours rondes, haute de trois étages, enfermée à l'intérieur d'un mur clos. « Une petite forteresse à l'intérieur de la grande... », observa en silence le chevalier.

En fait, songea d'Éon, ce bonhomme est sorti le premier pour s'assurer qu'il n'y avait définitivement personne dans la cour ou sur notre chemin... Ainsi, hors trois ou quatre personnes dont moi-même, le cocher et ce gouverneur, personne ne saura que l'impératrice est venue ici aujourd'hui. Et même si un soldat curieux épie en ce moment par une fente, il ne verra passer qu'une dame en noir dont le visage est rendu invisible par le capuchon de son manteau et sa bordure de fourrure.

Parvenus au pied de la tour, ils montèrent quelques marches d'un escalier extérieur et se trouvèrent devant une porte sur laquelle était inscrit, peint en bleu au pochoir, le chiffre « 1 ».

« Et voilà, tout est clair ! pensa d'Éon. *"Nomer Odin"*, c'est le matricule du prisonnier qui est enfermé ici et dont l'impératrice et le gouverneur se soucient tant. Et son identité doit être connue de si peu de monde qu'on le désigne par son numéro pour ne pas prononcer son nom. »

La porte s'ouvrait sur une chambre dans laquelle se trouvaient deux officiers en uniforme qui s'inclinèrent jusqu'à terre quand l'impératrice entra.

— Bonjour, mes amis, leur dit-elle avec la franchise et l'esprit de camaraderie qu'elle avait toujours quand elle s'adressait à des militaires.

Cette manière d'être, cordiale et directe, leur donnait à chacun l'impression d'être unique pour elle, et ce sentiment aurait suffi à les motiver pour aller se faire couper en morceaux sous les sabres ou les boulets de canon ennemis si elle leur en avait donné l'ordre.

— Le comte Nikita Fédorovitch m'a informée des efforts que vous faites pour accomplir la difficile mission qui vous a été confiée pour le salut de l'État, continua-t-elle. Je sais les sacrifices qu'elle vous impose. Croyez que je ne l'oublierai pas et que j'en tiendrai compte.

Les deux officiers s'empourprèrent et saluèrent à nouveau jusqu'au sol. « Et voilà, se dit d'Éon, beau travail ! En trois phrases, les voilà regonflés pour passer encore ici plusieurs années. » Car, dans le salon du gouverneur, il avait bien compris la phrase : « Ils sont presque aussi prisonniers que le Numéro Un. » Donc, ils ne quittaient jamais leur détenu... Ça devait être d'une gaieté absolue, une année entière ici !... Et plusieurs, donc !... Élisabeth pouvait bien en effet se fendre d'un petit discours d'encouragement.

Charles-Geneviève avait le temps d'observer leurs visages, et il ne les trouvait que moyennement sympathiques. Pas vraiment méchants, mais moroses, renfermés, fatigués... « Rien de bien étonnant, pensa-t-il, s'ils vivent en quasi-réclusion depuis quatre ans. Pauvre Numéro Un s'il dépend de pareilles bobines. »

L'examen était bilatéral. Le chevalier surprit sur lui les regards des deux officiers, et leur expression était puissamment dénuée de sympathie. « Bien entendu, pensa-t-il, je dois représenter ce qu'ils détestent le plus au monde : un petit officier de moins de vingt ans, affecté au prestigieux régiment Préobrajenski où ils n'entreront jamais malgré leurs dix ou vingt années de service. Un blanc-bec tellement favorisé par le sort, la naissance et les protections familiales qu'il est déjà attaché à la protection personnelle de l'impératrice... Je ne vis probablement que dans les palais impériaux, je ne me déplace qu'en traîneau de luxe ou sur des chevaux de prix pendant qu'eux crèvent d'ennui et de solitude dans cette tour. Et je serai colonel à vingt-cinq ans sans l'avoir mérité quand, pour eux, l'avenir c'est au mieux une garnison moisie aux confins de la Tartarie, le plus loin possible de Moscou et de Saint-Pétersbourg, afin qu'ils n'aillent jamais parler de ce qu'ils auront vu ici. À leur place, je me détesterais aussi. »

— Merci, mes amis, répéta l'impératrice. Tout à fait exceptionnellement vous refermerez cette porte quand je me trouverai de l'autre côté.

Elle désignait une porte qui donnait vers une pièce placée en enfilade. Et cette porte était ouverte, et même maintenue ouverte par un coin de bois glissé au-dessous. « La chambre du Numéro Un..., pensa d'Éon. Et les ordres sont donc de ne jamais fermer cette porte... Le Numéro Un est sous surveillance constante. »

L'impératrice se tourna vers Lia.

— Viens avec moi, dit-elle.

Elle passa son bras sous celui de la jeune fille et l'entraîna vers la porte ouverte. Elle s'arrêta avant de la franchir, tournant le dos au gouverneur et aux officiers. Inclinant un peu la tête, elle murmura en français, à mi-voix et vite, de façon que seule sa jeune compagne puisse l'entendre quand bien même l'un des trois hommes présents dans la pièce aurait su le français.

— Maintenant tu vas comprendre, dit Élisabeth. Tu vas voir un ange. Et, au moins, toi, tu l'auras vu... Tu n'en parleras jamais à personne, mais tu te souviendras de lui. Je ne sais pas ce qu'il va advenir de lui, mais je voudrais que quelqu'un d'autre que moi ne l'oublie jamais. Je voudrais que quelqu'un de plus jeune que moi garde son souvenir intact quand je ne serai plus là. Je voudrais que tu te souviennes de lui exactement tel que tu l'auras vu aujourd'hui... Sûrement, un jour, tu vas repartir, appelée par d'autres espaces. C'est dans ta nature. Tu es un oiseau voyageur... Et, moi, je saurai toujours que, où que tu sois, quelqu'un d'autre que moi sur cette Terre se rappelle l'ange qu'il était.

— J'ai bien compris, Matouchka, murmura Lia. Je me souviendrai et ne dirai rien. Jamais. Je le jure devant Dieu.

— Merci, mon enfant.

Et enfin Élisabeth franchit cette porte qui devait toujours demeurer ouverte. Charles-Geneviève la suivit ; sans un regard pour les trois responsables de ce lieu, il ôta avec sa botte le coin de bois qui bloquait la porte et la referma derrière lui. Il se retourna en relevant les yeux et vit un jeune garçon qui se tenait debout au milieu de la chambre.

C'était un garçon d'environ douze ans d'une extraordinaire beauté, aux yeux d'une curieuse couleur d'ambre et aux longs cheveux châtains, d'un teint très pâle, plutôt grand, mais mince au point d'en paraître fragile. Il regardait Élisabeth et sur son visage dansait un infini sourire d'affection pure.

On comprenait qu'il avait écouté tout ce qui s'était dit dans la pièce voisine, qu'il avait reconnu la voix d'Élisabeth et qu'il s'était contraint pour ne pas l'appeler. Il demeurait avec peine sur place, contenant son plaisir et son impatience. Quand Lia referma la porte, son visage s'illumina d'un sourire plus large. Il libéra enfin son désir et courut à la rencontre d'Élisabeth. Il glissa ses bras sous son manteau, enlaça sa taille et se serra contre elle, le front appuyé contre son épaule. Élisabeth à son tour l'entoura de ses bras avec douceur. Elle coucha sa tête contre celle du garçon et ferma les yeux. Une larme solitaire coula le long du visage de l'impératrice. Ils demeurèrent ainsi enlacés, serrés l'un contre l'autre.

— Joyeux Noël, Ivanouchka, murmura Élisabeth.

Pour le chevalier d'Éon, ce fut comme un coup de tonnerre. D'un seul coup, tout s'assemblait. Ce que Mackenzie avait observé, ce qu'il avait vu lui-même depuis le matin et ce qu'il vivait depuis plusieurs mois.

En entrant dans cette chambre, d'Éon ne s'attendait pas à y trouver un enfant. Il en avait été surpris au point de rester interdit. Il avait pu retirer beaucoup d'informations de la conversation entre l'impératrice et le gouverneur, mais il n'avait pas compris que le Numéro Un était si jeune.

Ensuite, la première réaction du chevalier, immédiate, instinctive, avait été d'observer la pièce. Elle était grande, bien chauffée par le dos d'un gros poêle qui traversait le mur, assez bien balayée, le lit avait des draps blancs. Elle possédait deux fenêtres, mais malheureusement aveuglées par d'épais paravents de bois inclinés vers l'extérieur. La lumière du ciel arrivait par le haut, mais l'on ne pouvait pas voir dehors. Ni être vu. Toujours était-il que le chevalier s'était senti soulagé par cet examen. Il avait confusément redouté un lieu sordide et froid, l'habituelle pénombre des prisons, l'ordinaire puanteur d'urine et de vieille paille... On avait certainement dû faire le ménage mieux que de coutume pour la visite de la tsarine mais on ne pouvait tout transformer et, au moins, cet enfant vivait dans un endroit à la propreté décente.

Mais pourquoi gardait-on un enfant si jeune dans un secret si rigoureux ? Quel crime avait pu commettre cet être si frêle, à la peau tellement transparente qu'on voyait le tracé de ses veines, aux poignets si minces que le chevalier avait l'impression qu'on pourrait les casser en les serrant seulement un peu fort... ? Rien, évidemment !...

Ou serait-il possible que ce garçon soit un fils secret d'Élisabeth et du comte Razoumovski ? Elle avait bien dit ce matin dans la voiture qu'elle était déjà venue ici avec le comte, ç'aurait été alors pour voir leur enfant... Mais il repoussa cette idée : bien sûr que non ! c'était absurde. Des bâtards, tous les souverains à toutes les époques en avaient eu, et aucun n'avait éprouvé le besoin de les dissimuler dans des forteresses. En général, chacun était au courant de leur existence et s'en accommodait fort bien. Henri IV et Louis XIV en leur temps élevaient même les leurs à la Cour. De nos jours, Louis XV était plus discret. Le bruit courait qu'il avait des enfants illégitimes en grand nombre, ce qui semblait normal avec ses habitudes, mais qu'il n'en reconnaissait aucun. On disait que ces enfants étaient élevés sans publicité dans des familles adoptives en province. Et pour ce qui concernait ses ex-consœurs pensionnaires du Parc-aux-Cerfs, le chevalier était aux premières loges pour savoir ce qui arrivait quand elles ressortaient enceintes de ce séjour. On leur trouvait un mari au plus vite, et cela faisait encore bien des petits enfants casés sous un autre nom que celui de leur royal géniteur.

Ou alors, s'était encore interrogé Charles-Geneviève, ce garçon aurait-il pu être le témoin de quelque chose qu'il n'était permis à personne de voir ? Un assassinat ? Un crime d'État ?...

Mais le prénom qu'Élisabeth murmura à cet instant permit à d'Éon de relier entre eux tous les éléments qu'il avait accumulés depuis dix mois ; en fait, depuis qu'il avait commencé à se préparer pour cette mission secrète à Pétersbourg.

Ivanouchka.

C'était le diminutif d'Ivan. Ce jeune garçon était Ivan VI, l'enfant-tsar détrôné.

C'était à cause de ce qu'il était, et non pour ce qu'il savait, que cet enfant était emprisonné.

Avant de partir pour la Russie, pendant sa période de formation rue de la Vieille Estrapade, afin de l'aider à préparer cette mission dans un pays dont il ne savait rien, on avait remis au chevalier d'Éon une série de fiches concernant l'histoire de la Russie et les particularités de la société russe. Il les avait lues avec attention, mais il avait eu tant de choses à apprendre pendant ces quelques semaines qu'il avait attaché plus d'importance à les mémoriser qu'à les comprendre en profondeur. Et d'un seul coup, c'était comme s'il avait sous les yeux le dossier concernant le début du règne d'Élisabeth première.

Il revoyait soudain la disposition des paragraphes, et même les accolades tracées à l'encre rouge par un secrétaire du comte de Broglie... Il y avait des listes de noms russes peu clairs pour lui à l'époque, des dates, des tableaux, des généalogies.

Le chevalier avait une bonne mémoire. Il avait emmagasiné tout cela comme des notions un peu abstraites, de la même façon qu'il avait appris bien des cours au collège ou à la faculté, se sentant libre de les oublier après les examens.

Mais, dans cet endroit du bout du monde, dans ce bâtiment qu'on appelait la tour impériale, elle-même enfermée dans la forteresse de Schlusselbourg, au milieu de ce lac pris par les glaces, ces noms lui revenaient aussi nettement que s'il avait les feuillets devant lui, et ils devenaient des lieux réels, des personnes vivantes et décédées et des destins tragiques.

Il fallait remonter cinquante ans dans le passé.

Pierre le Grand avait eu un frère aîné, Ivan V. Ivan V, de droit, était le tsar de toutes les Russies. Mais Ivan était de santé fragile ; et il avait demandé que son jeune frère Pierre, si solide et énergique, soit couronné en même temps que lui afin qu'ils soient deux à porter le fardeau de cet immense empire. Ce qui fut fait. Les deux frères s'entendaient bien et, pendant quelques années, la Russie eut deux tsars qui gouvernaient ensemble. Mais la santé d'Ivan déclina. Il souffrait d'accès de fatigue intense et de pertes de mémoire. Il se retira dans l'un de ses domaines, laissant son frère assumer seul l'empire. Il perdit peu à peu complètement la raison et mourut à l'âge de vingt-sept ans. Pierre régna seul pendant les trente années qui suivirent.

Mais Ivan V laissait derrière lui deux filles, dont

l'une, Anna[1], mariée à un prince allemand, Antoine-Ulrich de Brunswick, avait un fils, le petit Ivan.

Après Pierre le Grand, la couronne passait au descendant mâle de l'aîné des deux frères, donc au petit Ivan VI qui fut couronné à l'âge de neuf mois. La régence fut confiée à ses parents, Anna et Antoine-Ulrich, pour une durée de dix-sept années. La régence d'Anna et d'Antoine-Ulrich fut aussi brève que calamiteuse. En moins d'un an, entourés de favoris qui pompaient l'argent comme les éponges absorbent l'eau, ils réussirent à se mettre à dos l'aristocratie, l'armée et le peuple. On les surnomma : « les Allemands », puis : « les étrangers », enfin : « les usurpateurs » et, un matin, à leur réveil, ils trouvèrent leur lit entouré de seigneurs russes exaspérés et d'officiers de Préobrajenski en armes. Terrifiés, ils signèrent leur abdication. Et avant midi, la nouvelle étant accompagnée de cent un coups de canons et du concert de toutes les cloches de Saint-Pétersbourg, Élisabeth première, fille de Pierre le Grand, était proclamée impératrice.

Ivan et ses parents avaient erré de prison en prison, puis avaient finalement été déportés à Kholmogory, une ville située tout au nord du pays, non loin du cercle polaire.

D'Éon se souvenait parfaitement de ce nom. Une carte était annexée au dossier, sur laquelle ce lieu

1. Il y a deux personnes prénommées Anna parmi les proches parentes d'Élisabeth première. Anna Petrovna, sa sœur, la mère de son héritier le grand-duc Pierre. Et Anna Léopoldovna, sa cousine, la mère du jeune Ivan VI.

était marqué par un point à l'encre rouge. Le nom était indiqué en cyrillique, *χοπμογο'ρβλ*, avec sa transcription en caractères latins, *Kholmogory*. Et le chevalier était certain que l'impératrice et le gouverneur, un moment plus tôt dans le salon, avaient l'un et l'autre fait mention de ce nom.

Anna, la mère d'Ivan, était morte à Kholmogory. Assez rapidement et sans doute d'une cause naturelle avait indiqué le rédacteur du dossier. On ne savait pas ce qu'était devenu le père. Et, à ce jour, concluait l'auteur du rapport, on ne savait pas non plus de manière précise où se trouvait Ivan VI, probablement toujours à Kholmogory mais on ne pouvait en être sûr, le secret étant bien gardé.

« Alors, non ! pensa le chevalier, Ivan VI ne se trouvait plus à Kholmogory mais sur l'île de Schlusselbourg, et ce depuis quatre ans. » Et tout ce que Mackenzie avait observé depuis la rive de ce lac s'expliquait : la puissante garnison stationnée à terre dans une région où aucun ennemi ne menaçait, les rotations sur l'île de soldats et d'officiers qui ne savaient pas ce qu'ils gardaient... Eh bien, ils gardaient le tsar de Russie Ivan Antonovitch VI, dépossédé de son trône à l'âge de deux ans.

Cet enfant, c'était le remords vivant d'Élisabeth.

Et si elle venait lui rendre visite chaque année à Noël, il n'y avait rien d'étonnant que ce moment de l'année lui fasse un pareil effet.

6

La tour impériale

— Joyeux Noël à toi aussi, Matouchka, dit le jeune garçon. Je t'attendais. Je savais que tu ferais ton possible pour venir. L'impératrice t'a donné la permission ?

— Oui, l'impératrice m'a permis de venir... Mais comme tu as grandi, Ivanouchka !...

— Oui, fit le garçon avec un ingénu sourire de fierté. Le docteur m'a mesuré, j'ai grandi de deux pouces depuis Pâques.

Ivanouchka regardait Lia avec curiosité. Les nouveaux visages devaient être rarissimes pour lui, songea Charles-Geneviève, peut-être même n'en avait-il plus vu depuis son arrivée ici...

Ivanouchka observait le nouveau venu avec intérêt, a priori avec sympathie puisque cet homme qui accompagnait Matouchka n'avait pas l'air méchant, mais aussi avec une espèce de retenue, une prudence sans doute due à ce que cet enfant avait vécu, qui lui avait appris à se garder de toute personne portant un uniforme.

— N'aie pas peur d'elle, dit Élisabeth, c'est Lia,

c'est mon amie, c'est une jeune fille. Elle est très gentille. Regarde, c'est elle qui t'apporte ton cadeau.

— Vous êtes une fille ? interrogea Ivanouchka, ça c'est drôle !... Il y a des filles soldats ?

— Mais non, Lia n'est pas un soldat, dit Élisabeth. C'est moi qui lui ai demandé de s'habiller ainsi. C'est pour décourager les voleurs sur la route. Et puis, c'est plus agréable pour elle. Les militaires ici ne sont pas très bien élevés, tu sais, ils se moquent souvent des jeunes filles quand ils les voient passer... Ainsi elle est plus tranquille.

— Alors vous avez bien fait, approuva Ivanouchka, et vous êtes beaucoup plus jolie que mes officiers.

— Merci..., murmura Lia.

Charles-Geneviève se sentait plus troublé, plus intimidé qu'il ne l'avait été de sa vie. Même face à Louis XV, même face à Élisabeth, quand il les avait rencontrés pour la première fois. Et il ne savait par quel nom ou quel titre il devait appeler ce frêle enfant qui possédait dans la voix, dans le regard et dans la noblesse de son attitude toute la majesté des tsars. Il aurait voulu dire « Je remercie Votre Majesté » en saluant très profondément, mais il avait bien compris que c'était une fois pour toutes impossible. Que cela ne pouvait avoir d'autre effet que rendre sa situation encore plus pénible.

Il ne pouvait rien faire pour cet enfant. D'Éon le vit, le sut, le sentit, le comprit tout de suite. Définitivement rien. C'était une histoire dans laquelle il n'était pas de taille. Une histoire immense, une histoire de géants et de rois de l'ancien temps, une sorte de plongée dans le passé et presque dans le monde des légendes... Et, verrouillé par son serment et sa fausse identité de fille, il pouvait moins que quiconque espérer faire sortir un jour cet enfant d'ici. Même Mackenzie, le comte de Broglie, la totalité du Secret et sans doute Louis XV ne pourraient rien faire... Et probablement même pas Élisabeth elle-même... Ceux qui s'en mêleraient seraient broyés comme dans une meule. Face à ce mal qui s'accomplissait et qu'on ne pouvait plus arrêter, le chevalier d'Éon fut saisi d'une sorte de vertige.

— Eh bien, Liouchenka, tu ne donnes pas son cadeau à Ivanouchka ? demanda Élisabeth.

Très ému, Charles-Geneviève s'avança de quelques pas et tendit au jeune garçon le paquet qu'il portait depuis qu'on avait quitté le traîneau auprès de l'embarcadère. Comme par habitude, il s'inclina en le lui remettant. L'impératrice sembla trouver cette attitude normale. Au moins, il aurait pu avoir ce geste de respect. Un geste infime, mais c'était toujours cela.

L'enfant prit le paquet, s'assit à la table et le posa devant lui. Il admira le joli papier marbré qui l'enveloppait, le lissa de la main, le retourna une ou deux fois. Des cadeaux non plus, il ne devait pas en voir souvent. Alors, il prenait son temps, il étirait le plaisir au maximum. Puis il défit l'emballage, toujours aussi lentement, avec soin de ne pas le déchirer. D'Éon devinait sa pensée à cet instant : une feuille aussi grande d'un aussi beau papier était une aubaine, et peut-être Matouchka voudrait-elle bien demander à Nikita Fédorovitch de la lui laisser pour dessiner sur le côté blanc... Quel grand tableau il pourrait composer sur une feuille pareille !...

Il en sortit un livre relié en cuir clair. Il l'ouvrit avec précaution et soudain son visage rayonna.

— Oh, Matouchka ! Elle a des images... J'en avais tellement envie...

En effet, cette bible, car c'en était une, c'était le seul livre qu'il était autorisé à lire, était ornée de gravures. Il en contempla une longuement, presque avidement, en en recherchant tous les détails.

— Cela va bien m'aider pour mes dessins, tu sais, Matouchka, parce que les chameaux, les béliers, le temple de Jérusalem, tout ça, je ne sais pas du tout à quoi ça ressemble, alors je suis obligé d'inventer. Je demande au père Dobromir de me décrire mais je ne comprends pas souvent ce qu'il veut dire. Je crois qu'il ne sait pas très bien expliquer le dessin...

— Tu pries toujours beaucoup, Ivanouchka ? demanda Élisabeth.

— Quand je ne dessine pas, presque tout le temps... En fait, je ne prie pas vraiment, je relis les Écritures. Mais le père Dobromir dit que cela vaut une prière. Il dit même que c'est la meilleure des prières car on a toujours tendance à trop centrer les prières personnelles sur soi-même et commettre ainsi sans le vouloir le péché d'orgueil. Le père dit qu'on ne lit jamais assez les Écritures, et que même si l'on y consacre sa vie entière, c'est à peine suffisant pour commencer à les comprendre.

— Et toi, Ivanouchka, tu crois que tu les comprends ?

— Je ne sais pas, Matouchka... Mais je sais que je me sens bien quand je les lis. Comme si je rentrais à l'intérieur d'elles, vois-tu ce que je veux dire ?...

Le père Dobromir dit que c'est parce que je ressens la présence de mon bon ange.

— J'essaierai de les lire mieux, comme tu les lis toi, Ivanouchka ; et je te dirai si j'ai senti la présence de mon bon ange.

— Tu as des chagrins Matouchka ?

— Qui n'en a pas, mon Ivanouchka ?...

— Alors il faut beaucoup lire les Écritures, Matouchka.

— J'essaierai, mon enfant.

— Matouchka, as-tu demandé à l'impératrice si je pouvais avoir des oiseaux ?

— Je le lui ai demandé, mais elle ne m'a pas encore répondu. Je le lui demanderai encore.

— Tu sais, j'aimerais beaucoup avoir des oiseaux. Même de tout petits... Un couple, et peut-être auront-ils des œufs et des oisillons.

Ivanouchka désigna un endroit de sa chambre :

— Je mettrai leur cage ici, et je la laisserai toujours ouverte. Ce sera leur maison, ils entreront et sortiront comme ils voudront. Et puis ils seront mes amis. Ils viendront se poser sur mes épaules ou sur mes mains.

— Mais si tu laisses leur cage ouverte, ils vont s'en aller.

— Où veux-tu qu'ils aillent, Matouchka ? C'est tout fermé, ici.

— C'est vrai, admit l'impératrice.

Il y eut un silence. Élisabeth baissa les yeux, puis se tourna vers Lia.

— Je vais te demander de nous laisser, maintenant, Liouchenka, dit-elle. Je voudrais rester seule un moment avec Ivanouchka.

Lia inclina la tête en signe d'obéissance et s'approcha du jeune garçon pour prendre congé. L'enfant lui sourit et tendit la main.

— Reviendrez-vous Liouchenka ? demanda-t-il. J'aimerais que vous reveniez.

Charles-Geneviève sentit les larmes lui monter aux yeux devant ce regard déjà si plein de confiance et d'affection prête à se donner.

— Cela sera pour moi un bonheur, Ivanouchka, dès que l'impératrice m'y autorisera, répondit Lia, d'une voix qui malgré ses efforts s'enroua sur les derniers mots.

Encore une fois, Charles-Geneviève aurait voulu s'incliner très bas devant l'enfant, lui baiser la main et l'appeler « Majesté »... Mais il ne put faire autre chose que prendre la main qu'il lui tendait et retenir les doigts minces entre les siens un court instant de plus qu'il n'aurait fallu.

— Je vous souhaite un joyeux Noël, Ivanouchka, dit Lia. Que Dieu vous garde.

— Vous de même, Liouchenka, répondit l'enfant.

D'Éon s'inclina et sortit. Il referma sans bruit la porte, laissant derrière lui l'impératrice et l'enfant.

Dans la pièce des gardiens, le major et le capitaine se levèrent à son entrée sans même y mettre de mauvaise grâce. Rien ne les y obligeait, ils étaient l'un et l'autre supérieurs en grade à ce freluquet aux joues d'adolescent et à l'uniforme impeccable. Mais il y avait des règles non écrites dans l'armée comme partout ailleurs, et les deux officiers aux nombreuses années de service savaient de science sûre qu'il est toujours inutile et très souvent dangereux de se montrer malgracieux envers un aide de camp impérial.

Le gouverneur de la citadelle s'était absenté. C'était une chance, pensa d'Éon, le bonhomme était sans doute en train de vérifier une fois de plus que personne ne circulait à proximité des passages qu'allait emprunter Élisabeth. Le chevalier en profita pour traverser la pièce sans s'arrêter. Si le gouverneur s'était trouvé là, il n'aurait sans doute pas osé. Il salua militairement les deux officiers, y ajouta pour la cordialité un bref salut de la tête à chacun, puis il sortit comme si rien ne le retenait dans cette pièce, sans même attendre que les deux officiers lui rendent son salut. Il redescendit les marches d'un pas rapide comme s'il exécutait un ordre précis, une consigne donnée à lui seul par l'impératrice qui ne concernait personne d'autre.

La vérité était qu'il se sentait bouleversé par ce qu'il venait de voir. Il croyait encore sentir dans sa main les doigts fins de l'enfant. Et l'idée lui était insupportable de demeurer ne serait-ce qu'un moment face à ces deux sales tronches de geôliers. Il les détestait pour la mission déshonorante qu'ils accomplissaient. Il regagna la cour comme on s'enfuit. Il n'aurait pu supporter à cette minute aucune présence auprès de lui.

La cour était toujours aussi déserte. Le même silence et la même atmosphère d'endroit abandonné régnaient. Il la traversa sans ralentir. Il se doutait bien que s'il demeurait en pleine vue au milieu de cet espace, avant même le temps de compter jusqu'à dix, le gouverneur le repérerait et lui tomberait dessus comme une chouette sur une souris. D'un air aimable, cet officier supérieur trouverait une bonne raison aussi irrécusable qu'un ordre pour le faire remonter dans la pièce des gardiens ; ou en tout cas il se collerait à lui comme de la glu et ne le lâcherait plus jusqu'au départ de l'impératrice. Le chevalier contourna la tour impériale et rejoignit le pied du rempart qui se trouvait à l'ombre. C'était par là qu'il serait le moins visible.

Il découvrit un appentis dans un angle de la muraille, fermé d'un côté par un muret. Un endroit qui devait sans doute permettre aux sous-officiers de garde de s'abriter quand il neigeait. Il s'y trouvait même un banc en bois. Une cachette acceptable.

D'Éon s'assit et s'adossa au mur. Il remonta son col en resserrant contre lui son manteau. Il ferma les yeux et essaya de respirer amplement et lentement l'air glacé. Il écoutait les battements précipités de son cœur et attendait qu'ils se calment.

L'enfant Ivanouchka, de toute sa vie, n'avait jamais rien connu d'autre que la détention au secret. Et pourtant, il avait su apprendre seul à lire afin de s'évader chaque jour en douceur et de se réfugier dans le seul monde qui lui était ouvert, celui des Écritures saintes où aucun de ses sinistres gardiens ne pouvait aller le chercher, ni même seulement l'observer comme à travers cette porte qu'on ne fermait jamais.

Le chevalier d'Éon sentit sa gorge se contracter brutalement, une nausée lui tordit l'estomac et il crut pendant un instant qu'il allait vomir, puis un sanglot brusque l'étrangla et des larmes qu'il ne pouvait dominer lui montèrent aux yeux. Merde ! le maquillage... Il était en train d'oublier que ce jour-là, malgré son uniforme et ce que pouvaient croire les officiers de la tour, il était une fille. Il ne fallait pas qu'il ressorte tout barbouillé de cet appentis. Comment pleurait-on proprement quand on était une fille ? Cette gourde d'Amélie avait oublié de lui apprendre ça... La meilleure solution lui parut de pencher la tête en avant. Trois ou quatre larmes tombèrent sur le sol de pierre grise et éclatèrent sur les pavés en forme d'étoile. Il sortit son fin mouchoir parfumé de demoiselle et, avec seulement un doigt, il tenta d'assécher ses yeux sans dégâts. Mais un bruit de pas sur la neige dure lui fit soudain lever le regard. Le gouverneur revenait. Il traversait la cour à pas rapides, retournant vers la tour impériale.

Le chevalier d'Éon sentit un élan de fureur contre cet homme affable, empressé, poudré et emperruqué. Derrière ses airs bénins, sa diction soignée, son salon en soie couleur prune et ses personnages de porcelaine, c'était le plus effrayant des geôliers. Rien ne lui échappait. Pour lui, un prisonnier bien encadré était un prisonnier dont on contrôlait tout : chaque seconde de son intimité, ses pensées les plus secrètes... Et il devait en être fier en plus. Fier de sa compétence. Content de sa fermeté, de son intelligence, de sa clairvoyance. Orgueilleux de la bonne tenue de sa citadelle et de l'habileté avec laquelle il organisait le secret autour d'Ivanouchka... Le chevalier se rencogna encore davantage dans le fond de son abri et ne bougea pas. Le gouverneur passa sans le voir.

Envers Élisabeth, il éprouvait un mélange d'indignation et, presque malgré lui, de compassion. Il ressentait contre elle une vive colère car elle laissait s'accomplir « cela ». Oh, il comprenait bien pourquoi, allez !... Les justifications ne devaient pas manquer. Il n'y avait pas besoin d'être un expert en politique pour comprendre que ce pays immense, sauvage, instable et imprévisible comme un océan ne pouvait avoir deux tsars aux droits presque équivalents. Cela avait miraculeusement marché pendant quelques années du temps de Pierre le Grand et de son frère, mais la conséquence était là aujourd'hui : Ivanouchka en prison à vie.

Ivanouchka avait été déchu de son trône à cause de la bêtise de ses parents, et de leur pleutrerie car ils n'avaient pas su défendre leur fils. Déchu de son trône, mais pas de ses droits. On ne pouvait lui ôter d'être le petit-fils d'Ivan V, frère aîné de Pierre le Grand. N'importe quelle faction de mécontents, tout soulèvement ou toute révolte, pouvait se regrouper autour des droits bafoués d'Ivan VI et exiger son retour sur un trône qui était le sien. Alors, apparaissait ici la « raison d'État » : pour le bien et la paix du pays, il fallait garder l'enfant dans un lieu ignoré de tous. Et les Bestouchev, les Vorontsov, tous les dignitaires de l'empire qui avaient reçu d'Élisabeth leur pouvoir, leur importance et leur fortune ne devaient pas manquer de maintenir avec soin l'impératrice dans cette conviction.

On ne pouvait ôter à Ivanouchka d'être le petit-fils d'Ivan V, mais on pouvait lui ôter d'être. Plus d'Ivanouchka, plus de problème. Élisabeth demeurait la seule Romanov et personne ne pouvait contester son droit à occuper le trône des tsars. Nul doute que, dans l'entourage d'Élisabeth, les adeptes des solutions radicales et des affaires réglées définitivement avaient dû le lui conseiller. Mais elle n'avait pas voulu... C'était même sans doute pour cette raison qu'elle avait prononcé le jour de son couronnement ce fameux serment de ne jamais prononcer de condamnation à mort : pour protéger Ivanouchka contre son propre entourage.

Et elle aimait cet enfant. Au point de souffrir, de ne plus dormir et de pleurer la nuit à cause de ce qu'elle lui faisait subir... Mais enfin, pensa le chevalier dans un brusque accès de colère, elle était la maîtresse ! Elle avait le pouvoir suprême ! Pourquoi gardait-elle cet enfant en forteresse ? Ne pouvait-elle pas l'envoyer à mille lieues de Saint-Pétersbourg, en Amérique, dans un endroit où personne ne le connaîtrait et où il pourrait vivre à l'air libre et au soleil ?

Le même bruit de pas se fit entendre qui attira l'attention du chevalier. Le gouverneur repassait dans l'autre sens d'un pas pressé et soucieux. De toute évidence, il cherchait l'aide de camp de Sa Majesté. Inquiet de ne pas l'avoir retrouvé dans la salle des gardiens, il s'était lancé à sa poursuite.

D'Éon ne bougea pas plus que la première fois. « Cherche, mon gros ! lui envoya-t-il silencieusement, un peu d'anxiété te fera du bien... Ah, ça non ! tu ne dois pas aimer qu'on fouine dans ta prison hors de ta présence et sans ta permission... Imagine que je découvre des manquements au service ou de petites choses que tu préfères que l'impératrice ignore, et que j'aille ensuite rapporter à maman... Allez, cherche !... Oui, c'est cela, je suis peut-être redescendu jusqu'au traîneau... Va voir en bas ! »

Le gouverneur, debout devant la grande porte du fort, observait le traîneau près de l'embarcadère. Rien ne bougeait là en bas. Van'ka avait recouvert les chevaux d'épaisses couvertures. L'immense surface du lac gelé brillait sous le soleil. Tout était immobile. Le gouverneur se décida pourtant et se lança dans le chemin qui descendait vers la berge.

Deux ou trois minutes pour descendre, un peu plus pour remonter. Il était temps pour le chevalier de sortir de son abri. On ne pouvait pas faire durer ce tour plus longtemps. Si Élisabeth décidait de partir et qu'on ne trouvait plus le gouverneur parce qu'il était à la recherche de l'aide de camp, l'impératrice en serait mécontente et le gouverneur abominablement mortifié. Et ce bonhomme avait tout pouvoir sur Ivanouchka. Si on l'irritait trop, il pouvait rendre la vie de l'enfant encore plus misérable. D'Éon quitta sa guérite et revint s'asseoir à la vue de tous, au bas des marches qui montaient à la tour impériale.

7
De Profundis

— Ah, Votre Noblesse !... Je vous trouve enfin...

Le gouverneur, les joues rouge écrevisse sous sa poudre et le souffle précipité à la suite de l'effort qu'il avait dû faire dans le froid pour remonter le chemin, était de retour.

— J'étais là, Excellence. Je n'ai pas bougé de cet endroit. Sa Majesté m'a donné l'ordre de l'attendre à la porte.

— C'est fort étrange, je suis passé deux fois et je ne vous ai pas vu.

— Je me suis absenté un court moment, répondit d'Éon en indiquant de la main des portes au fond de la cour qu'il avait reconnues pour être des latrines.

— Ah ! c'est donc cela...

« Ah ! c'est cela..., répéta d'Éon en lui-même, et ça te rassure bien que je sois seulement aller pisser... Au reste, tu ne me crois qu'à moitié parce que tu pars toujours du principe que tes prisonniers te mentent et que tu étends un peu cette habitude au reste du monde. Mais je suis retrouvé et tout est rentré dans l'ordre pour l'instant, ça mérite de ressentir du soulagement. Il ne reste plus maintenant qu'à ne pas me perdre à nouveau de vue. »

— Ne voulez-vous pas rentrer au chaud, Votre Noblesse ? Vous allez prendre froid à rester ainsi.

— Non merci, Excellence. Sa Majesté m'a ordonné de l'attendre ici.

— Eh bien, voulez-vous faire quelques pas avec moi ? Nous nous réchaufferons en marchant et nous resterons en vue de la porte.

— C'est une bonne idée, Excellence. Je vous remercie de me tenir ainsi compagnie. C'est vrai qu'il fait très froid, aujourd'hui.

— Ne croyez pas cela, Votre Noblesse. Pour une veille de Noël, c'est plutôt doux ; d'ordinaire la température est bien plus basse que cela ici... Eh bien, Votre Noblesse, soyez charitable, distrayez un pauvre gouverneur militaire en faction dans la solitude : que joue-t-on en ce moment à Saint-Pétersbourg ?

— Au théâtre du palais d'Hiver, on donne une comédie italienne : *Ciarlatani,* Les Charlatans ; et à l'Académie des Beaux-arts, un ballet, italien lui aussi : *La favola di Atalanta i Ippomene,* La Fable d'Atalante et d'Hippomène. Les deux spectacles sont très divertissants.

— Tout est donc italien, alors, cette année ?

— Tout. Mais, rassurez-vous, Sa Majesté nous a promis une pièce entièrement en russe pour l'année prochaine. Les acteurs devraient bientôt commencer les répétitions.

— Ah ! Une pièce en russe... Voilà qui me ravit !

— Vous rendez-vous souvent à Saint-Pétersbourg, Excellence ?

— Hélas, le poids de mes responsabilités ne m'en laisse guère le loisir. Mais quand mon épouse va voir nos fils en ville, elle me raconte les spectacles à son retour.

« Et voilà, pensa d'Éon, le temps, le froid, les spectacles à la mode, la famille... L'essentiel étant que nous parlions de tout, sauf de cette forteresse et de ce qu'elle contient. »

La conversation se faisait en français. Le gouverneur avait remarqué que l'impératrice s'adressait ainsi à son aide de camp et il était enchanté d'avoir l'occasion de tenir lui aussi quelques échanges dans cette langue, la langue des personnes nobles et cultivées. Il parlait un français parfait, recherché, à la grammaire impeccable, et, se disait d'Éon, il ne devait pas souvent avoir l'occasion de s'en servir ici, sur cette île du bout du monde, entouré des troufions de sa garnison.

« Oui, c'est une chance qu'il aime le français, pensa le chevalier ; mais s'il m'avait abordé en russe j'aurais pu faire le sauvage et le dédaigneux, remercier et faire comprendre que je me trouvais très bien tout seul. Il se serait choisi un coin commode pour ne pas me lâcher de l'œil et l'essentiel aurait été sauf pour tout le monde. Cependant si cet amateur de beau style prend plaisir à ma conversation, je vais le mettre de bonne humeur et le bénéfice en retombera sur tout le monde ici : la garnison, les prisonniers et Ivanouchka. Il y aura de petites libertés en plus et demain Noël sera peut-être un peu plus joli. Ce ne sera pas grand-chose mais, au moins, j'aurai servi à ça. »

Au même instant, une fenêtre s'ouvrit d'un coup, à une vingtaine de pas de l'endroit où leur promenade les avait menés. Quelqu'un avait trop chaud ou envie d'air, ce qui était surprenant par ce froid. Et c'était aussi la première manifestation incontestable qu'il existait dans cette forteresse d'autres habitants que ceux de la tour où vivait Ivanouchka. D'Éon tourna les yeux vers cette fenêtre. Elle était haut placée, trop haut pour voir ce qui se trouvait dans la pièce située derrière mais, dans cette pièce, quelqu'un jouait du piano. Le son d'un piano était l'une des dernières choses que Charles-Geneviève se serait attendu à entendre ici... Très surpris, il tourna le regard vers cette lucarne. Mais le piano s'arrêta net et une voix forte s'éleva :

— *Niet, niet, niet !... Niet ! Tchiort !* C'est très mauvais... On reprend. Deux mesures pour rien... Un, deux, trois, quatre, *odin, dva, tri, tchiét* !... En mesure, les gars, en mesure, sacredieu !... Un, deux, trois, quatre. En retard !... Un, deux, trois, quatre, encore en retard, *tchiortiou* !... *Odin, dva, tri, tchiét,* allez !...

Un chœur à quatre ou cinq voix s'éleva et la chanson que le chevalier reconnut le laissa ébahi. C'était une chanson française qu'il connaissait parfaitement. Une chanson d'étudiants et de soirée de garçons.

Un morpion de noble origine...
Qui revenait de Palestine...

— *Tchiort !* En mesure !... tonna la voix du pianiste.

Les chanteurs enchaînèrent :

Leva sa lance et s'écria :
Les morpions meurent et n'se rendent pas.

— C'est mieux, les gars... *Louksij, deti !* Au refrain : *odin, dva, tri, tchiét* !... Allez...

Le refrain s'éleva, à dix ou douze voix, cette fois :

De profondis morpionibus,
La la la la, la la la la, la la la la.
La !

Apparemment, les chanteurs étaient russes. Ce devaient être des soldats du fort et ils chantaient en français sans comprendre les paroles. La diction était un peu approximative mais, musicalement, d'Éon devait le reconnaître, ils s'en tiraient très bien. En particulier le refrain où le chœur de ces voix de basse faisait merveille. Mais qu'est-ce que cette chanson du Quartier latin pouvait bien faire ici ? Et comment ce maître de chorale à l'accent du Sud-Ouest de la France, qui alternait le russe et le français, pouvait bien lui aussi se retrouver sur cette île ?

Des professeurs d'arts d'agrément français, on en rencontrait partout à Saint-Pétersbourg. De danse, de diction, d'art dramatique, de chant lyrique, de tout ce qu'on pouvait imaginer. Rien n'était plus à la mode qu'avoir un ou plusieurs professeurs français. Qu'ils étaient donc gâtés, les soldats de ce fort !...

— Vous avez engagé un maître de chant français pour distraire vos hommes, Excellence ? demanda d'Éon. Ils doivent vous en être fort reconnaissants.

Le gouverneur ne répondit pas tout de suite. Il

avait l'air très irrité. En prévision du passage d'Élisabeth, il avait établi un cloisonnement étanche entre la visite impériale et la vie de la citadelle, et voilà que cette fenêtre sottement ouverte venait tout contrarier. L'ordre avait pourtant été formel : aucune fenêtre donnant sur cette cour ne devait être ouverte durant cette journée. C'était pourtant clair, corne bouc ! Et il s'en voulait aussi à lui-même pour avoir amené l'aide de camp précisément devant cet endroit... Fallait-il vraiment ne penser à rien alors qu'il avait tout le reste de l'édifice pour promener ce gamin galonné... Et maintenant, il lui fallait trouver des explications pour tout cela. La vérité n'avait rien de blâmable, mais on ne savait jamais comment ces gens de la cour qui ne comprenaient rien à la difficulté de gérer des soldats et des prisonniers tous les jours de l'année sur cette île du bout du monde allaient prendre les choses.

Le gouverneur se décida :

— Celui qui dirige cette chorale est un prisonnier, Votre Haute Noblesse.

D'Éon remarqua qu'il venait de gagner un cran dans l'importance nobiliaire. « Votre Haute Noblesse » était un titre qu'on donnait à partir du blason de comte ou du grade de colonel. Le gouverneur devait être vilainement embarrassé.

— Un prisonnier français ? Qu'a-t-il donc fait ?

— À mon très grand regret, je n'ai pas le droit de vous le dire, Votre Haute Noblesse. Ici, les noms et les dossiers des détenus sont confidentiels.

— Je comprends cela parfaitement, Votre Excellence. Alors comment le désignez-vous ?

— Comme tous les autres détenus, par son matricule, le numéro vingt.

Au même moment, dans la pièce située de l'autre côté de la fenêtre, la chorale reprenait :

— En place, les gars ! fit la voix du maître de chœur.

« Le numéro vingt, donc... », songea machinalement d'Éon.

Le piano se remit à jouer.

— *Dans u-ne tour de Londres...*, chanta la voix du Français afin de donner la note et le ton. On y est ? *Ty tam* ? Allons. Un, deux, *odin, dva !...*

Les voix des chanteurs, guidées par celle du prisonnier français, s'élevèrent :

Dans une tour de Londres,
Y'avait un prisonnier, Y'avait un prisonnier.
Ein, zwei !

— *Niet !* gronda le Français, *Tchiortou ! Do ! Do,* c'est pas compliqué...

Il joua la note une dizaine de fois sur son piano comme s'il écrasait la touche : *Do ! Do ! Do ! Do ! Do !...*

— Vous avez de la bouse dans les oreilles ou quoi ? Et de l'énergie !... On dirait des gonzesses ! *Devochki !...* Ensemble ! *Sovmestno !* Un, deux...

Le gouverneur se tourna vers le chevalier et interrogea soudain :

— Votre Haute Noblesse, vous devez vous étonner qu'un détenu puisse s'exprimer de la sorte envers des soldats de Sa Majesté Impériale ?

Il regardait d'Éon fermement dans les yeux. Il avait une explication à fournir. Tout en parlant, il avait pris le bras du chevalier sous le sien et tentait en douceur de lui faire reprendre la promenade afin de l'éloigner de ce lieu. Mais Charles-Geneviève, que cette chorale intriguait profondément, au point d'atténuer pendant ces instants l'image d'Ivanouchka ainsi que la colère et la douleur qu'il avait ressenties un moment plus tôt, fit semblant de ne pas s'en apercevoir et resta les deux pieds solidement plantés à la même place. En vérité, pour un endroit qu'il avait cru désert en arrivant, on allait de surprise en surprise, ici...

Il était hors de question de contrarier en quoi que ce soit un aide de camp de l'impératrice. Le gouverneur dut accepter la situation, et bon gré mal gré demeurer sous cette fenêtre.

— Pour tout vous dire, Excellence, répondit d'Éon, oui, cela me surprend un peu... Mais sans doute l'art autorise-t-il quelques libertés qui prennent fin avec la répétition ?

— C'est presque cela... admit le gouverneur, plutôt soulagé que l'aide de camp semble prendre la chose avec autant de bonhomie.

Mais le gouverneur n'eut guère le temps de profiter de cette détente qui fut toute provisoire car, à son grand saisissement, le chœur enchaîna sur le refrain :

J'emm... les gendarmes
Et la maréchaussée,
Et la maréchaussée !
Hé !

— Pas mal, les enfants !... *Eto provilno, deti !...* Il y a du mieux..., conclut la voix du numéro vingt qui termina la chanson par trois accords claironnants au piano.

Le gouverneur réagit avec vigueur et tenta cette fois fermement de déraciner d'Éon de son poste d'écoute :

— Ne restons pas ici, Votre Haute Noblesse ! Cette fois, en voilà assez ! Cet homme me fait honte. Il passe les bornes ! Ces chansons sont insultantes et transgressives ! Inadmissibles de la part d'un détenu. Voilà comme sont ces gens, on leur passe quelques faveurs et aussitôt ils en abusent. Je vais sur-le-champ lui faire ordonner de cesser !...

— Permettez-moi seulement cette remarque, Excellence : je ne crois pas qu'on puisse reprocher à cette chanson d'outrager l'armée impériale. Cette chanson est française, c'est donc la gendarmerie française qui est insultée. Et l'armée française n'est pas notre alliée, cela ne nous concerne en rien de la défendre... Du reste, si j'en crois les dernières nouvelles et la présence de nos probables futurs camarades anglais qu'on croise à tout moment sur la Perspective Nevski, la France serait plutôt en passe de devenir bientôt notre adversaire... Il n'est pas mauvais que nos hommes se sentent ainsi soudés et solidaires face à l'ennemi, et les chansons ont en général un effet très positif sur leur moral. Sa Majesté est toujours contente de voir ses soldats unis et joyeux. Quant à ce numéro vingt, il a sans doute des raisons toutes personnelles d'en vouloir aux gendarmes de son pays. S'il se retrouve en prison chez nous, la même chose lui est peut-être déjà arrivée chez lui. En tout cas, il a une fort belle voix et une compétence certaine pour diriger les hommes. Quand il aura fini sa peine, envoyez-le-moi pour ma section.

Le gouverneur sembla se détendre, et sourit même à demi. En définitive, ce petit aide de camp était loin d'être sot, il comprenait les choses, la situation allait s'arranger.

— Tout de même, Votre Haute Noblesse, il y a désobéissance, ils étaient censés répéter des chants de Noël pour demain.

— Les chants de Noël, la douceur, la mélancolie, le regret de l'enfance et de la maison maternelle, tout cela viendra après, Excellence. Et il ne faut pas en abuser, cela amollit le cœur... Vos soldats sont des hommes pleins de vigueur. Comme les chevaux qui sortent de l'écurie, il faut les laisser courir un moment la bride sur le cou pour libérer leur trop-plein d'énergie. Votre maître de chant semble savoir cela. Et puis, Excellence, la plupart de vos hommes ne doivent pas tellement comprendre le sens de ces paroles. Pour eux, ce n'est que le plaisir de chanter ensemble.

— Mais, Votre Haute Noblesse, êtes-vous en train de plaider la cause de mon maître de chorale ?...

— Rien d'autre, Excellence. Je trouve remarquable votre idée d'utiliser les talents d'un détenu pour aider vos hommes à supporter la vie de garnison dans un lieu aussi solitaire.

— Il faut que je vous explique quelque chose, Votre Haute Noblesse... Vous parliez de l'ascendant indéniable que cet homme exerce sur les soldats dont il dirige le chœur... Ce détenu français possède une personnalité assez rare, que ceux qui dans leur vie ont eu la responsabilité de prisonniers connaissent et redoutent comme une calamité. C'est ce que j'appelle un rebelle-né.

— Votre Excellence veut dire un irréductible ? Quelqu'un qu'on ne peut plier à aucune discipline ?

— Ce n'est pas exactement cela, Votre Haute Noblesse. Le numéro vingt peut rester dans sa cellule et se contenter du minimum sans rien demander... Mais, même sans rien dire, du seul fait d'être là, il a une influence sur les autres prisonniers. Quelque chose comme un fluide qui passerait à travers les murs. Vous souriez, vous vous dites que je divague, que l'isolement me crée des idées bizarres... Mais, je vous assure, Votre Noblesse, que ces choses-là existent. Vous pouvez mettre cet homme dans l'endroit le plus secret et le plus éloigné du bâtiment, du jour où il est là, tous les autres se mettent à protester. Et à propos de tout. La nourriture. Le froid. La promenade. L'eau. Mais ce n'est pas tout. Ils se plaignent aussi de Dieu, de la vie, de la mort, de la messe de dimanche dernier... Et le pis est que la contagion gagne la garnison. Eux aussi se mettent à réclamer. Et Dieu sait qu'ici tout particulièrement on ne peut accepter aucun désordre parmi les soldats... Sans qu'on puisse reprocher grand-chose à leur comportement, des êtres comme ceux-là sèment la mutinerie par leur simple existence... D'ailleurs, voyez, Votre Haute Noblesse, vous-même, sans le connaître, avez d'instinct ressenti de la sympathie pour lui et l'avez soutenu contre mon autorité. Alors, quand vous gouvernez un lieu comme celui-ci avec toutes les difficultés que cela représente, quand vous voyez débarquer une catastrophe permanente de cette sorte, il n'y a qu'une solution, il faut canaliser cette espèce de magnétisme. Il ne faut pas isoler cette personne, c'est pire encore. Il faut au contraire organiser les choses et tenter de les garder sous contrôle. Pour celui-ci, j'ai eu l'idée de cette chorale et cela me maintient une situation, disons, stable...

— Ce que vous m'enseignez aujourd'hui est une grande leçon quand on désire apprendre à conduire des hommes, Excellence, dit d'Éon. Croyez que je ne l'oublierai pas... Mais, il me semble qu'on nous fait signe...

Le capitaine Nadov, l'un des geôliers de la tour impériale, venait d'apparaître en haut de l'escalier cherchant des yeux le gouverneur et l'aide de camp.

— Sa Majesté doit avoir fini et nous demande, dit le gouverneur, hâtons-nous, mon cher ami !

Ils s'éloignèrent de la fenêtre ouverte et s'en retournèrent vers la tour où l'on gardait Ivanouchka. Derrière eux, de l'autre côté de la lucarne, le chœur avait repris la chanson du prisonnier.

« Elle est de circonstance », pensa Charles-Geneviève en s'éloignant.

Il entendit encore le numéro vingt dans son dos :

— Pas mal, les gars !... *Csorosi !*... Au refrain, maintenant, avec moi, *odin, dva* : *J'emm... les gendarmes, et la maréchaussée !*... Bien. Encore. *Odin, dva*...

Et à cet instant, d'Éon entendit que le détenu français chantait un texte différent de ses choristes. Il se trouvait encore assez près pour distinguer les mots. Il entendit, et c'était net :

— *Valcroissant vous emmerde, et la maréchaussée, et la maréchaussée !...* Bien. Encore... *Kazdij !* Tout le monde !... *Valcroissant vous emmerde, et la maréchaussée, et la maréchaussée !...* Bien, *Csorosi !... Et la maréchaussée, hé !*

Le chevalier d'Éon eut l'impression d'avoir reçu un coup de bûche derrière la tête.

Valcroissant. Il avait bien entendu, il n'avait aucun doute.

Il regarda précipitamment le gouverneur. Celui-ci se dépêchait, les yeux tournés vers l'édifice où se trouvait Élisabeth. Sa seule idée à cet instant semblait de ne pas faire attendre l'impératrice. De toute apparence, il ne s'était rendu compte de rien.

François de Valcroissant.

Comme le chevalier d'Éon, membre du Secret du roi Louis XV. Son prédécesseur dans cette mission. Arrêté un an plus tôt aux barrières de Saint-Pétersbourg et emprisonné pour espionnage. Et dont on ignorait à Paris ce qu'il était devenu. Mackenzie avait supposé qu'il se trouvait quelque part en Sibérie.

Non, il était détenu à la forteresse de Schlusselbourg, où il répondait au matricule numéro vingt.

Pendant qu'il écoutait sous la fenêtre, Charles-Geneviève n'avait pas eu un instant l'idée que ce maître de chant puisse être François de Valcroissant. Il avait plus ou moins imaginé, du moins c'était l'explication qui s'était présentée d'elle-même, que ce prisonnier à l'accent gascon était réellement un maître de musique français, venu comme tant d'autres chercher fortune à Saint-Pétersbourg et pour qui les circonstances avaient mal tourné. Vol, escroquerie, séduction d'une jeune fille de la maison, toutes ces possibilités lui avaient semblé envisageables, et de peu d'importance du reste. Et si le chevalier avait défendu le musicien contre les sanctions du gouverneur, c'était par solidarité entre Français, par bon cœur, pour venir en aide à un prisonnier puisqu'il en avait le pouvoir, et surtout dans l'idée de conserver ce gouverneur de la meilleure humeur possible afin de protéger le Noël d'Ivanouchka.

Par quel miracle Valcroissant avait-il eu l'idée de chanter son nom à pleine voix au moment où d'Éon pouvait encore l'entendre ?

Savait-il qu'on l'écoutait ? Avait-il ouvert cette fenêtre à dessein ? Est-ce qu'il avait pu apprendre qu'un autre membre du Secret se trouvait à cet instant dans la cour ?

Non. Bien sûr. Il y avait en tout trente-quatre personnes appartenant au Secret, réparties sur la surface du globe. La possibilité qu'on ait remonté sa piste et qu'un agent soit parvenu dans cette solitude arctique, à l'intérieur d'un des lieux les plus protégés de Russie, à cet instant précis, était presque inenvisageable. D'Éon, ce matin, ne savait pas encore qu'il viendrait là... De plus, quand Valcroissant avait disparu, l'expédition Douglas-d'Éon n'avait pas encore été décidée. Louis XV avait même imaginé la mission d'Éon à la suite de l'échec de la mission Valcroissant.

Non, c'était un hasard. Ou plutôt cela devait vouloir dire que Valcroissant était coutumier de ce genre de farces. Il provoquait ceux qui l'avaient enfermé en les insultant en face, impunément et à leur insu. Ses choristes ne devaient rien comprendre, ils pensaient sans doute que le *Frantsouzki* exécutait une variation ou une sorte de canon, tout cela passait dans la musique et l'effet d'ensemble... Du reste, si Valcroissant avait su que le gouverneur se trouvait de l'autre côté de la fenêtre, il se serait sûrement abstenu de cette plaisanterie.

Eh bien, pensa encore d'Éon, il avait retrouvé Valcroissant et, cela, c'était une information qu'il allait transmettre au plus vite à Mackenzie, qui s'arrangerait à son tour pour la faire remonter au comte de Broglie à Paris. Si la situation continuait à s'arranger entre Élisabeth et la France – contrairement à ce qu'il venait de raconter au gouverneur – Louis XV pourrait demander qu'on lui rende son agent disparu. Et dans ces sortes de marchandages, être certain que l'agent est en vie et connaître l'endroit précis où il se trouve, représente un avantage majeur. Vis-à-vis du Secret, il rapportait de cette expédition un renseignement de première importance et, sur ce point-là, il n'avait fait aucune promesse qui l'engage à se taire.

D'Éon se sentait mieux. Il vérifia encore une fois du coin de l'œil que le gouverneur ne s'était aperçu de rien. Cela semblait le cas... Lui-même veilla à ne laisser aucune impression paraître sur son visage. Il pressa même encore davantage le pas en direction de la tour impériale, au point que le gouverneur dut presque courir pour se maintenir à sa hauteur.

8

L'herbe des bisons

Dans la salle des gardiens, Élisabeth attendait sans impatience, assise sur une chaise, silencieuse, les yeux tournés vers le sol, et le haut du visage rendu invisible par le vaste capuchon de son manteau. Le major Mokeï se tenait debout contre le mur, muet comme un meuble. Quand elle entendit le gouverneur et d'Éon monter l'escalier à pas rapides, elle se leva et dit simplement :

— Allons-y.

Le chevalier eut pourtant le temps de lancer un regard dans la chambre des gardiens. Il vit que la porte d'Ivanouchka était à nouveau ouverte et que le coin de bois était revenu à sa place. Son cœur se serra : le moment d'intimité de l'enfant était terminé, peut-être le seul auquel il eût droit dans l'année.

Élisabeth ne semblait pas avoir le désir de parler ni celui de s'attarder dans cet endroit. Dès qu'elle fut dans la cour, elle se dirigea vers la poterne. D'Éon et le gouverneur lui emboîtèrent le pas. Hors des murailles, elle s'arrêta. Absorbée dans ses pensées, elle semblait contempler machinalement le spectacle qu'offrait le lac gelé. La lumière du soleil, si bas sur l'horizon en cette saison, diminuait déjà mais la glace brillait encore d'un éclat intense. Tout était blanc, immense, immobile et silencieux, hors le son du vent passant entre les tours et le long des murailles.

— Je vais partir, Nikita Fédorovitch, dit-elle enfin. Je suis contente de ton travail. Ne change rien. Je t'enverrai dans deux ou trois semaines les brevets pour les promotions du major Mokeï et du capitaine Nadov, ils les méritent. Mais ne leur dis pas tout de suite. Laisse-les attendre un peu. Tu diras aussi au père Dobromir que je suis satisfaite de lui. Il fait du bien à cet enfant.

Le gouverneur salua très profondément.

— Contenter Votre Majesté est la seule récompense qui vaille pour moi, Majesté.

Il n'insista sur rien, ne demanda aucune précision ni consigne supplémentaire. Il devait savoir qu'à la suite de ses visites à l'enfant, la seule chose que l'impératrice souhaitait était qu'on la laissât en paix.

— Que Votre Majesté prenne garde, dit-il seulement, ce sentier est fort glissant car la neige fond au soleil et regèle presque aussitôt.

Van'ka avait aperçu l'impératrice en haut du chemin ; il ôtait les couvertures de ses chevaux et les faisait marcher en main pour échauffer progressivement leur souffle et leurs muscles après cette période d'immobilité dans le froid. Sans un mot de plus, sans un regard vers la citadelle, Élisabeth prit place dans la troïka. Elle adressa un bref signe à Lia pour lui indiquer de monter et de s'asseoir en face d'elle, puis un geste de la tête en guise d'adieu au gouverneur, qui salua à nouveau jusqu'à terre et referma la porte du traîneau avec douceur. Van'ka qui n'avait pas besoin d'ordres émit deux claquements de langue et les chevaux partirent au trot, tournant le dos à la forteresse.

Dans le traîneau, le silence régnait. Élisabeth était assise, droite, les mains serrées l'une contre l'autre dans son manchon de fourrure, le regard loin devant elle et sans expression, le visage à la fois soucieux et attentif. Charles-Geneviève et Zina, sentant le terrible mélange de tension et d'émotions qui l'habitait, tâchaient de se rendre aussi immobiles que possible et retenaient leur souffle afin de ne pas la déranger.

Le chevalier, assis le dos au sens de la marche, regardait la forteresse s'éloigner. Le soleil était en train de se perdre dans les brumes qui couvraient au loin les collines et les forêts. La lumière s'en allait. La glace en quelques minutes seulement était devenue d'un gris terne.

Quand d'Éon avait identifié Valcroissant, il avait ressenti un élan d'excitation joyeuse, un sentiment impétueux de victoire et de succès, qui pour un moment avait fait passer Ivanouchka au second plan de ses pensées. Mais, maintenant, assis dans ce traîneau et voyant la masse grise du fort de Schlusselbourg diminuer sur l'immensité pâle du lac, sa tristesse revenait en songeant à l'enfant qu'on laissait enfermé là-bas entre plusieurs épaisseurs concentriques de murs. Sa visite de l'année était terminée... Combien de temps avait-elle duré ? Une heure et demie ? Deux heures, peut-être... Encore un Noël. Encore une année. Et combien l'attendaient encore dans cet isolement ?...

À l'instant présent, Ivanouchka devait se divertir avec les images de son nouveau livre et cela durerait pendant quelques jours, au mieux quelques semaines, mais ensuite ?... Quel chagrin, quelle misère !...

Sans l'avoir vraiment voulu, ses yeux se portèrent sur le visage d'Élisabeth. Elle avait toujours le regard dirigé droit devant elle, le visage très pâle, mais deux larmes grosses comme des pois descendaient lentement le long de ses joues. Sans que Charles-Geneviève en ait eu conscience, la douleur de l'impératrice avait soudain cédé comme un fil trop tendu qui casse. D'autres larmes plus rapides suivirent le chemin frayé.

D'Éon éprouva pour elle un vif élan d'humaine douleur ; teinté d'une certaine rancune, pourtant, car il ne pouvait ôter de sa pensée que c'était à cause d'elle que l'enfant vivait cette réclusion sans espoir. Mais, sincèrement, il l'aimait. Il avait ressenti pour elle le matin un véritable sentiment d'affection et de gratitude. Et maintenant, il la devinait prisonnière d'une situation qu'elle ne pouvait arrêter, et qui générait chez elle un malheur qui durerait autant que sa vie.

La petite Tartare, voyant les larmes de sa maîtresse, lui prit la main et la serra contre sa joue en pleurant doucement. Le traîneau avait atteint le bord du lac. Les chevaux revinrent au pas pour franchir la berge puis le champ de neige. Enfin, ils reprirent leur trot régulier sur la neige dure de la grand-route. Les larmes d'Élisabeth s'écoulaient toujours, rapides et régulières comme les gouttes d'eau qui filtrent d'une roche. Charles-Geneviève marqua un bref temps d'incertitude puis, sans réfléchir, sans parler, changea de côté et vint s'asseoir à côté de la tsarine, lui entourant l'épaule d'un geste fraternel du bras. C'était un geste amical et intuitif, une consolation, un geste qui comprenait, une décision soudaine qui s'était passée de raisonnement. D'Éon était un peu surpris lui-même par ce qu'il venait de faire mais il avait le sentiment qu'il n'aurait pas pu agir autrement. Et ses deux compagnes de route paraissaient considérer qu'en effet, Lia ne pouvait agir d'une autre façon. Élisabeth appuya la tête contre l'épaule qui s'offrait à elle et il sembla au chevalier que ses larmes coulaient moins fort.

— Tu me trouves mauvaise... dit enfin Élisabeth d'une voix nette et distincte que d'Éon n'attendait pas. Tu vas me détester, désormais. Tu vas me quitter sans doute... Je le savais ce matin quand je suis venue te chercher dans ta chambre. Mais, à ce moment-là, il me semblait plus essentiel de te confier cette part de ma mémoire comme un précieux dépôt que de prendre le risque de perdre ton amitié... Je pensais que je *lui* devais bien ce sacrifice... Ce matin, je croyais encore au devoir, mais maintenant je ne sais plus... À quoi tout cela sert-il, finalement ?...

Le chevalier ne répondit rien. D'abord, il n'avait aucune idée de ce qu'il pouvait bien répondre à cela. Lui aussi se sentait perdu. Et il se posait lui aussi précisément cette question : À quoi tout cela servait-il, finalement ?... Et peut-être l'impératrice allait-elle se reprendre et regretterait-elle ce moment d'abandon. Il se sentait plus à l'aise dans le silence. Il accentua légèrement la pression de sa main contre l'épaule d'Élisabeth, comme pour dire « Tranquillise-toi, je ne vais pas partir » et, de sa main restée libre, il sortit de sa poche son fin mouchoir bordé de dentelles et le lui donna.

Il nota aussi que, sans que personne au cours de cette journée ait prononcé le nom d'Ivan Antonovitch Romanov, Élisabeth semblait considérer que Lia avait reconnu Ivanouchka. De toute apparence, cela entrait même dans ses projets depuis l'aube. Sans qu'il puisse démêler du reste s'il était plus sûr ou plus dangereux pour lui de le savoir, cette pensée rassura plutôt d'Éon... Il s'était plusieurs fois demandé pendant cette journée s'il devait faire semblant de n'avoir pas compris qui était le jeune garçon.

— Tu es bonne, Liouchenka..., dit l'impératrice en acceptant le mouchoir. Tu dois te demander pourquoi on garde cet enfant dans des conditions si dures... Tu te dis sans doute qu'on pourrait l'envoyer bien loin sous un autre nom, dans un pays au chaud climat où il pourrait vivre heureux et libre...

« C'est en effet, pensa d'Éon, exactement ce que je me demande. »

Mais il ne bougea pas et ne répondit rien, et cette immobilité semblait attendre une réponse à la question que l'impératrice venait elle-même de poser. Elle poursuivit :

— C'était mon projet, c'était ce que je voulais faire... Je voulais laisser passer un peu de temps et qu'on l'oublie... Je pensais qu'en grandissant il perdrait le souvenir de son nom et de ses parents, il était si jeune encore... Mais il n'a rien oublié ! Au contraire, ses souvenirs se sont ancrés en lui. Il sait exactement qui il est. Et il est devenu un danger mortel pour la Russie...

« Pour la Russie ou pour toi ? » ne put s'empêcher de remarquer silencieusement d'Éon.

— Pour moi ?... demanda Élisabeth comme si sa pensée avait suivi le même chemin que celle de Charles-Geneviève ; ah ! si tu savais comme j'abandonnerais facilement tout cela pour être libérée de ce poids sur ma conscience... Mais il est trop tard maintenant. Ivanouchka en liberté, ou seulement sorti du secret, ce pourrait être un bouleversement, la fin de la Russie qu'a voulue Pierre le Grand...

En prononçant ces mots, la voix de la tsarine trembla et ses larmes se remirent à couler, rapides et nombreuses. Charles-Geneviève sentit contre lui les épaules de l'impératrice se contracter et frissonner. Il accentua doucement la pression de sa main, comme pour dire : « Allons... Allons... » Et en même temps, du regard, il désignait à Zina le coffre où elle avait rangé la nourriture le matin, dans lequel il avait aperçu deux flacons de vodka. Zina comprit à l'instant. Elle ouvrit le coffre d'un geste preste et présenta l'une des fiasques à Lia avec un regard qui demandait : « Celle-là ? » Le chevalier d'Éon secoua la tête. « Non, l'autre ! » La vodka du second flacon contenait des herbes *zoubrowska*, dites herbes des bisons. Charles-Geneviève ne savait pas spécialement pourquoi celle-ci était plus indiquée mais il lui semblait que ces herbes et la présence de ce grand animal auraient un effet apaisant supplémentaire. La petite Tartare sembla elle aussi trouver ce choix judicieux. Elle emplit une timbale d'argent et la tendit à Lia, qui la remit avec douceur à l'impératrice.

— Bois cela, Matouchka, murmura Lia en lui soutenant la main, tu te sentiras mieux.

Élisabeth but rapidement sans presque paraître s'en rendre compte. Zina tira doucement la manche du manteau d'officier de Lia pour attirer son attention. Elle avait ouvert le nécessaire de voyage de l'impératrice et en avait sorti un flacon de verre bleu sombre serti d'argent, qu'elle montra à la jeune amie de sa maîtresse en la consultant du regard. Charles-Geneviève reconnut le flacon de valériane d'Élisabeth qu'il avait souvent vu sur la table de toilette de l'appartement impérial. Le médicament que lui préparait son médecin pour apaiser ses angoisses et ses insomnies. C'était une bonne idée. « Oui ! » fit-il de la tête.

La petite Tartare, de ses mains rapides et adroites, emplit un verre d'eau, y fit fondre un morceau de sucre en tournant avec une petite cuiller en argent, puis compta dix gouttes de la solution contenue dans le flacon bleu. Elle tourna encore la préparation et tendit son mélange à Lia. Élisabeth but avec la docilité d'un enfant sage. Elle avait l'air d'aller mieux, elle pleurait toujours mais il sembla à d'Éon que sa terrible tension intérieure avait diminué. Elle se laissait aller maintenant, appuyée contre son amie.

— Où qu'il soit, désormais, reprit Élisabeth, il dira son nom parce qu'il ne pourra pas faire autrement. La conscience de sa lignée est enracinée en lui. Plus qu'en moi, même... Plus qu'en n'importe qui que je connaisse... Alors, tous ceux qui ont perdu pouvoir et fortune dans le désastre de ses parents s'aggloméreront autour de lui. Et avec eux les insatisfaits, les aigris, les frustrés de mon règne. Plus le peuple qui croira nécessairement qu'un tel ange ne peut être qu'en relation directe avec Dieu... Et il faudra réprimer, dépister les complots, punir, faire des exemples... Tout cela à tort, parce que le droit sera de son côté. Oui, ses droits sont supérieurs aux miens... Et cela avec la guerre européenne qui menace...

D'Éon fit un signe rapide à Zina. Il ressentait que l'anxiété de l'impératrice était soudain en train de croître à un point qu'il ne saurait bientôt plus contrôler. Sa respiration était heurtée et elle tremblait comme si elle avait la fièvre. Mais la petite Tartare qui comprenait sa maîtresse mieux que personne avait été encore plus vive. Elle avait déjà empli un second gobelet de la vodka aux herbes et le tendait à Lia. Lia présenta la timbale devant les lèvres de l'impératrice et l'aida à boire à petites gorgées comme une personne malade.

— Ne pense pas à cela, Matouchka, murmura Charles-Geneviève... Bois ceci... Encore... Tu penseras à tout ça plus tard, demain, un autre jour, quand les choses iront mieux...

L'efficace Zina avait aussi déjà préparé une deuxième dose de la décoction de valériane et, en effet, le mélange des deux spécifiques sembla faire du bien à Élisabeth. Elle ferma les yeux, ne dit plus rien et s'abandonna contre l'épaule de Lia. Une larme coulait de temps en temps entre ses paupières. Zina et Lia se turent et ne bougèrent plus, espérant que l'impératrice allait s'endormir ce qui aurait été la meilleure chose pour elle à l'instant présent... Mais il n'en fut rien. Elle poursuivit soudain, d'une voix lucide et profondément triste :

— Ce pourrait être si simple : je dirais que Sa Majesté Ivan Antonovitch VI, ayant atteint l'âge de treize ans, recouvre les droits saints et inaliénables que lui confèrent sa naissance et le sacre qu'il a reçu. Je l'installerais au palais d'Hiver et me retirerais à Tsarkoïe Selo pour couler des jours tranquilles, en paix avec moi-même. Mais que se passerait-il alors ? Que deviendrait-il, le pauvret ? Et la Russie ?... Tous les anciens parasites de ses parents accourraient. On chasserait Bestouchev, bien entendu, celui qui a organisé depuis le début la réclusion d'Ivanouchka... Sans prendre en compte que c'est lui qui tient aujourd'hui la Russie à bout de bras...

Elle parlait calmement maintenant, les yeux ouverts, regardant devant elle comme si elle assistait à l'écroulement de tout ce qu'elle avait voulu construire et qu'elle savait ne rien pouvoir faire pour l'empêcher.

— Une nuée de nouveaux favoris se constituerait, et ceux qui seraient les plus habiles à comprendre et exploiter l'esprit angélique d'Ivanouchka triompheraient. Qui songerait encore à la Grande Russie ? Il ne s'agirait plus que de s'enrichir au plus vite... Et de mettre l'argent en lieu sûr au cas où la fortune varierait à nouveau... Et lui ? Avec sa santé si fragile... Il ne peut même pas manger un morceau de pain sans être malade. Et ses crises ? Je ne prétends pas qu'il a la même maladie que son grand-père, mais on ne peut oublier que celui-ci a commencé à perdre la tête à l'âge de vingt-deux ans et que pendant les années qui précédèrent sa mort, il ne reconnaissait plus personne, même pas son frère...

On traversait à nouveau les forêts de sapins géants. La nuit n'était pas encore tombée mais sous ces arbres immenses l'ombre régnait déjà. D'Éon fit signe à Zina d'allumer les bougies des deux lanternes intérieures. La pénombre ne valait rien contre les idées noires.

— Et mon neveu Pierre et sa sainte-nitouche de femme ?... demanda soudain Élisabeth. Imaginez-vous leur réaction si on leur annonçait que c'est désormais Ivan VI le tsar et, qu'on est bien ennuyé de le leur apprendre, mais ils ne sont plus rien ? Ils ont beau jouer les dédaigneux, la Russie n'est qu'un pays d'ignares et de sauvages..., ils n'attendent qu'une chose : être les maîtres ! Eux et toute leur clique d'Oranienbaum...

— Bois cela, Matouchka, dit Lia en lui présentant une troisième timbale de vodka. Pourquoi te fais-tu du mal à te représenter tout ce que tu redoutes le plus ? Rien de ce que tu me racontes depuis une heure n'existe. Ce sont juste les chimères et les mauvais songes dont tu m'as parlé ce matin dans ma chambre. À l'heure qu'il est, ton Bestouchev est dans son cabinet et, ne crains rien ! il y est solide comme un roc. C'est Noël tout à l'heure, mais il a dix dossiers devant lui et il sait tout ce qui se passe dans ta belle Russie. Il sait même sûrement que tu m'as emmenée avec toi aujourd'hui et il en est fort mécontent. Il espère que tu auras au moins eu le bon sens de me laisser en bas dans le traîneau près de l'embarcadère... En tout cas, il s'apprête à te faire la tête pendant trois jours pour te punir de ton imprudence. Le grand-duc et la grande-duchesse ? Oui, ils sont à Oranienbaum, c'est normal, c'est leur maison, c'est toi qui la leur as donnée. Ils ont des amis ? C'est normal aussi, c'est le contraire qui serait inquiétant. Le grand-duc Pierre a sans doute occupé sa journée à passer en grande revue de Noël ses soldats habillés comme des Prussiens. Il a fait de son mieux pour ressembler au roi Frédéric II et s'il trouve ce soir qu'il y est bien parvenu, il doit être content. Il aura récompensé ses hommes avec des tonneaux de bière et des ventrées de choucroute. Il aime l'armée et les soldats, où est le mal ? Quel mal te fait-il ?... Il attend d'être le maître ? C'est normal encore : tu l'as désigné pour ça. La seule chose importante est que peut-être, ce soir, Ivanouchka est un peu moins malheureux grâce aux images du livre que tu lui as apporté.

Élisabeth ne répondit pas, mais d'Éon sentit que ses mots avaient touché juste. Elle ne pleurait plus. Les images de la ruine de son règne qui avaient été si présentes un moment plus tôt s'éloignaient dans une sorte de brouillard. Le visage d'Ivanouchka, émouvant comme le Christ d'une icône et terrible comme un remords, se faisait moins net.

Depuis son départ de la tour impériale, elle avait eu l'impression de se trouver dans une solitude absolue. Elle avait parlé au gouverneur, à Lia, donné des instructions, mais avec la sensation qu'ils se trouvaient tous très loin d'elle, de l'autre côté d'une sorte de mur... Ils pouvaient l'entendre, exécuter ses ordres, mais en aucun cas échanger une pensée avec elle ou pénétrer dans la sphère où elle se trouvait. Dans cet espace où elle évoluait, il n'y avait de place que pour elle, Ivanouchka et Dieu... Et voilà qu'il lui semblait à nouveau ressentir la présence de Lia et de Zina, et le désir de consolation qui émanait d'elles... Peut-être la jeune Lia avait-elle raison, après tout... Rien de grave ne s'était véritablement produit aujourd'hui... Si tout était à recommencer, tout de suite, à l'instant même, ferait-elle autrement ?... Non... Avait-elle eu le choix ? Non. Elle referait exactement la même chose. Parce qu'il n'y avait pas eu d'autre possibilité. Hors abandonner la Russie à son sort et la laisser replonger dans le chaos, la corruption et le Moyen Âge... Était-ce possible ? Non. Ivanouchka n'y était pour rien et elle non plus. Mais que pesaient leurs destins à tous deux face à ceux de millions de Russes et à l'Histoire en marche ?... Ils portaient l'un et l'autre leur croix. C'est ce qu'elle dirait à Dieu si elle avait à comparaître ce soir devant le souverain juge...

Zina et Charles-Geneviève ne soufflaient mot. La troïka glissait à travers la forêt sombre. Ils sentaient l'un et l'autre le calme qui progressivement se reconstruisait dans l'esprit d'Élisabeth. Un long moment s'écoula ainsi dans le silence. Ce fut Charles-Geneviève qui le rompit :

— Pourquoi ne lui donnes-tu pas les oiseaux qu'il demande ?

Élisabeth ne s'attendait pas à cette question. Son esprit était à cet instant très loin de ces oiseaux. Elle réfléchit quelques instants puis enfin répondit :

— Nikita Fédorovitch n'y est pas favorable. Il dit qu'il sera difficile de les faire accepter aux gardiens. La mission qu'on leur a fixée est déjà pénible. Des officiers de l'armée impériale vivront comme une humiliation d'avoir à nettoyer une cage ou ramasser des crottes d'oiseaux, on ne peut leur imposer cela en plus. Et Arkady Narichkine, tu le connais, le frère de Yuliia, qui est en route aujourd'hui pour Paris... me l'a déconseillé. Comme toi aujourd'hui, il m'a accompagnée l'an dernier. Il dit que si les oiseaux meurent, Ivanouchka en éprouvera un chagrin inconsolable. Et Narichkine pense que les gardiens pourraient bien les aider à mourir s'ils les prennent en aversion.

D'Éon nota que le prince Narichkine avait rempli la même fonction que lui l'année précédente, et que l'impression du prince concernant les officiers Nadov et Mokeï était peu différente de la sienne.

— Foutaises, déclara Charles-Geneviève. Quand j'étais enfant, j'avais un chat que j'aimais fort. Il a été tué un jour par le coup de pied d'un cheval. J'en ai éprouvé un chagrin très vif, mais encore aujourd'hui je préfère l'avoir eu que ne l'avoir jamais connu. Je suppose que la mort fait partie de la vie, même pour les enfants.

— Comment s'appelait-il ? demanda avec douceur l'impératrice.

— Balthazar, parce qu'il était né le jour des Rois, il était blanc avec des taches grises et il adorait courir après les souris de l'écurie.

D'Éon, pensif, garda un instant le silence.

— Matouchka, dit-il soudain, je suppose que les

officiers et le gouverneur sont responsables de la vie d'Ivanouchka sur la leur ?

— En effet.

— Ton Nikita Fédorovitch s'occupe plus de ses gardiens que de l'enfant, parce que eux peuvent se plaindre et pas lui. Tu es la maîtresse : tu n'as qu'à leur faire savoir à tous trois qu'ils sont tout autant garants de la vie des oiseaux que de celle de leur maître. Et que s'il arrivait quelque malheur à ces petites bêtes, une enquête serait aussitôt diligentée. S'il se révélait qu'il y ait eu de leur part malignité ou négligence, la Sibérie ne manque pas d'endroits charmants où ils pourraient aller méditer sur leur inconséquence. Mais s'il se trouvait que le décès des oiseaux était dû à une cause naturelle, on tenterait alors immédiatement de consoler leur propriétaire en lui en attribuant d'autres qu'on espérerait d'une santé plus robuste.

Pour la première fois depuis le matin, un sourire passa sur le visage d'Élisabeth.

— Comment fais-tu, Liouchenka, pour être drôle même quand nous sommes plongées dans la plus profonde tristesse ? Tu as cent fois raison. Je vais demander à l'oiseleur qui s'occupe de ma volière à Tsarkoïe quelles sont les espèces les plus résistantes, capables de vivre toute l'année à la citadelle, et j'en ferai porter un couple à Ivanouchka.

— Demande aussi à l'oiseleur de trouver une espèce qui s'apprivoise bien... Moi, pour lui, j'aurais plutôt choisi un chat, mais il a l'air de souhaiter précisément des oiseaux... Et un chat et des oiseaux dans la même pièce, je ne sais pas...

L'impératrice sourit à nouveau.

— C'est juste, il faut qu'ils s'apprivoisent facilement, je m'en souviendrai.

Le chevalier d'Éon s'appuya de façon plus prononcée à la banquette. Pour la première fois depuis qu'ils avaient quitté Schlusselbourg, il se laissa un peu aller. Il était content du succès qu'il venait de remporter à propos des oiseaux ; à l'échelle du sort d'Ivanouchka, c'était une toute petite victoire, mais pour l'enfant ce serait une grande joie. Ils se tenaient toujours assis, serrés l'un contre l'autre, le bras de Lia fraternellement passé autour de l'épaule d'Élisabeth. L'impératrice semblait se trouver bien ainsi, auprès de son amie, et trouver du réconfort dans ce contact. Charles-Geneviève se sentit soudain fatigué, comme si toutes les émotions accumulées depuis le matin pesaient d'un coup sur lui.

Tout ce qu'il avait dit à Élisabeth pour apaiser son angoisse était vrai, et c'était pour cela qu'elle l'avait entendu. Son règne allait plutôt bien, elle avait quelques soucis mais, comme elle l'avait dit elle-même un moment plus tôt dans la chambre d'Ivanouchka : qui n'en a pas ?... Et alors, s'interrogea d'Éon, si les choses allaient plutôt bien pour Élisabeth, est-ce qu'il s'ensuivait que la situation était encore plus désespérée pour Ivanouchka ?... Pas forcément, songea-t-il, car plus la position d'Élisabeth serait solide, moins l'enfant constituerait pour elle une menace et mieux elle pourrait desserrer le carcan qui pesait sur lui...

Et puis, d'Éon avait le sentiment qu'une nouvelle idée était en train de s'organiser en lui. Quelque chose d'énorme... Il ne la cernait pas encore bien, mais il pressentait qu'il lui faudrait bientôt disposer de toutes ses ressources en audace et présence d'esprit. Il comprenait que les circonstances allaient ouvrir pour lui une possibilité, mais qu'il faudrait agir vite, tout de suite, dans les minutes mêmes ; après, il serait trop tard.

Il fit signe à Zina en lui montrant le coffre où se trouvait la vodka. Avec ses doigts, il indiqua le chiffre trois en désignant rapidement l'impératrice, lui-même et, elle, la petite Zina. Dans un premier temps, l'alcool provoquait chez lui un état de lucidité accrue dont l'aide lui serait précieuse pour surmonter cet accès de fatigue et définir plus précisément son projet. Cet état pouvait ensuite devenir torpeur et abrutissement s'il continuait à boire mais il n'en avait présentement aucune intention. Un petit verre de plus ne ferait pas de mal à Élisabeth après l'accès de panique qu'elle venait d'éprouver ; ce serait le quatrième, mais il l'avait déjà vue aller plus loin que cela sans dommage et, malgré l'invraisemblable autorité que les circonstances lui avaient conférées dans ce traîneau, il n'en était tout de même pas arrivé au point de boire seul en présence de l'impératrice. Et la petite Tartare, pour sa gentillesse et sa présence d'esprit, méritait bien de participer. De plus il n'aimait pas que quelqu'un ne boive pas quand lui-même et d'autres buvaient. Il avait besoin d'un climat de détente et de confiance générale dans ce traîneau.

Zina, l'air joyeux, demanda du regard à l'impératrice la confirmation de cette permission et servit tout le monde. La petite Tartare savoura le contenu de son verre en se délectant de chaque goutte. Élisabeth but sans paraître y prêter attention. Charles-Geneviève expédia sa timbale de *zoubrowska* en trois gorgées rapides ; un trait de feu le traversa de haut en bas ; mort de Satan ! elle était forte... Mais son projet prenait forme.

De toute évidence, accomplir une bonne action, une action généreuse, faisait ce soir du bien à Élisabeth. Accorder ses oiseaux à Ivanouchka avait autant apaisé ses angoisses et ses remords que l'alcool et les médicaments. Du moins, on pouvait constater que l'association des trois fonctionnait bien. Il savait qu'il ne pourrait rien obtenir de plus aujourd'hui pour l'enfant. Mais il pouvait libérer Valcroissant de cette forteresse, et cela tout de suite ! Et, pour le coup, il n'avait rien promis qui l'empêche de tenter cette opération. C'était un énorme coup de bluff, un gros quitte ou double. Il pouvait tout perdre et saborder la mission, ou remporter le maximum et faire sortir Valcroissant de Russie dans les vingt-quatre heures.

Il avait pour lui que les conditions étaient exceptionnelles : c'était Noël, et personne durant la nuit à venir ni la journée du lendemain ne ferait spécialement attention à lui, en fait à Lia, qui était étrangère et seule. Quelle chance qu'elle eût rompue avec Balachine !... Yuliia avec son souper de quatre-vingts personnes sur les bras n'aurait pas une seconde pour songer à son amie. L'impératrice allait selon toute vraisemblance dormir et prier. Cela pouvait être tenté. À condition d'agir sans attendre.

C'était aussi très imprudent. D'Éon pouvait imaginer les hauts cris que pousseraient Amélie, le comte de Broglie et sans doute Mackenzie s'ils se trouvaient là. Ils commanderaient la prudence, l'attente, l'arrivée de l'ambassadeur officiel, lequel négocierait dans les règles la libération de l'agent détenu... D'Éon balaya mentalement leurs objections. D'abord, ils n'étaient pas là ; et d'une ! Ensuite, attendre une négociation prendrait certainement du temps et rien n'indiquait que Bestouchev lâcherait aussi facilement un bon moyen de pression sur la France. Valcroissant passerait encore des mois ou des années à Schlusselbourg... Non, il allait se passer de permission et l'extraire de cet endroit dès ce soir, et le diable les étouffe tous ! Musicalement, les soldats de la garnison allaient beaucoup y perdre mais le Secret allait récupérer un des siens.

Malepeste de crise de borgne ! *Ils* avaient enfermé Ivanouchka, il allait au moins leur reprendre Valcroissant.

9

Le *Ded Moroz* et la *Snegourochka*

D'Éon, en silence, porta sur son projet une attention entière. Il s'efforça d'éliminer de sa pensée toute idée autre, afin de privilégier et d'affermir sa résolution. Il sentait qu'Élisabeth était prête à s'endormir, il la sentait peser plus fort contre son épaule, ce qui n'avait rien d'étonnant après ce qu'elle avait bu, la fatigue et les émotions violentes de la journée. Elle semblait très calme maintenant ; le moment était bon pour obtenir d'elle ce qu'il avait en tête.

Il ne fallait pas perdre de temps. S'il la laissait s'assoupir, elle s'endormirait sans doute si profondément qu'elle n'entendrait plus rien. Il fallait la convaincre tout de suite et la laisser s'endormir après. Avec de la chance, elle oublierait ce qui s'était passé juste avant, et tout particulièrement ce que d'Éon avait l'intention de lui soutirer. Si tout se déroulait ainsi, ce serait la forme parfaite du plan qu'il était en train de concevoir.

— Matouchka ?... murmura-t-il en se redressant afin que ce mouvement la réhausse elle aussi et la retienne de s'endormir.

— Oui, ma Liouchenka... Tu es bonne, je n'oublierai pas ce que tu as fait pour moi aujourd'hui.

Les choses se présentaient bien.

— Matouchka, je crois que je sais ce qui te ferait du bien ce soir.

— Oui ?...

— Tu pourrais libérer un prisonnier. Oh ! j'ai bien compris que cela ne pourrait pas être *lui*... Mais tu pourrais, pour Ivanouchka, rendre la liberté à un autre, lui pardonner sans condition, simplement parce que c'est Noël.

— C'est déjà fait, ma Liouchenka. Non pas un seul mais douze, comme les douze apôtres ou les douze mois de l'année. Je le fais tous les ans. Alexis Petrovitch[1] me prépare la liste. Je l'ai signée avant-hier. Ils sortiront demain après la messe de Noël. La seule condition que je fixe est qu'aucun d'eux n'ait jamais tué. J'abhorre le sang versé.

Belzébuth encorne Bestouchev ! Ce vieux sournois avait eu l'idée le premier.

— C'est le choix du comte Alexis Pétrovitch que tu ratifies, Matouchka. Cela ne te plairait pas de donner sa grâce à un autre, selon ton cœur, sans en parler à personne comme le ferait l'homme juste de l'Évangile ? Un autre prisonnier de cette même forteresse ? Aussi simplement que si dans une forêt tu rendais sa liberté à un animal pris au piège ?

— Selon mon cœur ? releva l'impératrice en haussant un sourcil, cela ne serait pas plutôt selon le tien ? Tu t'en donnes du mal, ma Liouchenka, avec

1. Alexis Petrovitch Bestouchev.

ton Évangile et tes animaux de la forêt... Si tu me disais plutôt quel prisonnier de Schlusselbourg tu veux que je libère et dont tu préfères que je ne parle pas à Alexis Pétrovitch ?

Sa voix s'était teintée d'ironie. Elle regardait Lia du coin de l'œil, narquoise, et son expression était impitoyablement perspicace. D'Éon resta pris de court. Il ne s'attendait pas à cela. Il avait tablé sur une impératrice saoule comme une grive, aux réflexes amoindris par la fatigue, la tristesse et les médicaments. Décidément, la fine mouche allait beaucoup mieux. Yuliia lui avait dit qu'elle récupérait petit à petit une fois Noël passé, mais il n'avait pas prévu une telle promptitude. Plus trace de désarroi sur son visage. Qui aurait dit que vingt minutes plus tôt elle pleurait comme une fontaine et tremblait comme un peuplier ? C'était fabuleux comme il lui avait fallu peu de temps pour recouvrer son contrôle d'elle-même et son autorité.

— Eh bien, réponds-moi, continua-t-elle, moqueuse. Tu es tombée amoureuse, pendant que tu m'attendais, là-bas, à la forteresse ? Est-il séduisant au moins, ce beau prisonnier ?

— Oui, Majesté, incroyablement séduisant, répondit Charles-Geneviève.

Élisabeth, à qui les quelques verres de vodka avaient manifestement donné une humeur malicieuse sans rien lui ôter de sa clairvoyance, prenait cette affaire sous un angle qu'il n'avait pas prévu. Lui, au départ était plutôt parti vers les bonnes œuvres et les sermons de Noël... Mais, tout compte fait, ce n'était pas plus mal comme ça car l'histoire ainsi présentée amusait davantage la tsarine... L'ironie dont elle usait était affectueuse. Il avait encore une chance d'obtenir la liberté de Valcroissant à la condition d'entrer dans son jeu. Et que risquait-il à avouer ce qu'elle avait envie d'entendre ? Au contraire, tout ce qu'il allait raconter était vrai, ou presque, et le gouverneur confirmerait si on l'interrogeait... Il valait bien mieux avouer que Mlle de Beaumont était ingénument tombée sous le charme de la belle voix d'un inconnu et occulter que le chevalier d'Éon, agent secret français, essayait en ce moment d'exfiltrer clandestinement le chevalier de Valcroissant, autre espion patenté et membre lui aussi du Secret du roi Louis le Quinzième.

— Je ne sais pas s'il est beau, Matouchka, je ne l'ai pas vu. J'ai seulement entendu sa voix. Il chantait de l'autre côté d'une fenêtre. Il était accompagné par un chœur de soldats, c'était très fort et très émouvant.

— Ah ! les hommes à belle voix... Je comprends cela... Sais-tu son nom ?

— Nikita Fédorovitch n'a pas voulu me le dire. Il m'a dit que c'était interdit. Mais il a bien voulu me révéler son matricule, c'est le numéro vingt.

— Voyez-vous ça !... Bien sûr que c'est interdit. Tu avais donc posé la question, fille sans vergogne ?

— Oui. Et puis, je l'ai tout de même entendu, son nom... Parce que, à la fin du morceau, les soldats ont applaudi et acclamé son nom.

Il prit une profonde et silencieuse inspiration : maintenant arrivait le vrai danger. Si l'impératrice savait qui était Valcroissant et pour quelle raison il se trouvait à Schlusselbourg, d'Éon se dénonçait lui-même. Au lieu de sortir Valcroissant de prison, c'est lui qui irait le rejoindre. Mais Élisabeth ne lui avait jamais semblé spécialement attentive à ces aspects de son administration. Son Université, son Académie, ses constructions, cela, oui, elle connaissait bien. Ses prisons, en revanche... Bestouchev était là pour ça. De plus, il le comprenait maintenant, les histoires de prison la ramenaient à Ivanouchka, ce qu'elle souhaitait autant que possible éviter... Il se jeta à l'eau. Lia continua son récit de la manière la plus naturelle possible :

— J'ai mal entendu, c'est un nom français et ils le prononçaient à la russe : quelque chose comme *Bacroissou*... Le comte Nikita Fédorovitch était très ennuyé et mécontent, mais il était trop tard, j'avais entendu.

— Ça, il pouvait être ennuyé... observa l'impératrice, c'était contraire à tous les règlements. Enfin, c'est Noël, admettons... Et ensuite ?

Le nom était passé sans rien provoquer. De toute apparence, elle ne le connaissait pas. Bestouchev ne l'avait sans doute pas avertie de cette arrestation.

— Le mal était fait, poursuivit Lia, alors le comte Nikita Fédorovitch a bien voulu me révéler que c'ést un professeur de musique français. C'est tout ce que je sais.

— C'est ça que tu désires comme cadeau de Noël ? La liberté pour ce musicien ?

— Oui, Majesté. Si Votre Majesté le veut bien.

— Comme si je pouvais te refuser quelque chose, ce soir, ma Liouchenka... Et s'il a une si belle voix, c'est du gâchis de le laisser sur cette île. Sais-tu s'il n'a commis aucun crime de sang ?

— Je ne sais pas, Matouchka, mais le comte Nikita Fédorovitch n'avait pas l'air de considérer qu'il s'agissait d'un grand criminel.

— Cela ne veut pas dire grand-chose, tu sais... Nikita Fédorovitch en voit passer de toutes sortes. Pour lui, la notion de crime est plus extensible que pour toi ou moi... Mais ne t'en fais pas, je ferai vérifier cela demain et je signerai sa grâce aussitôt après.

D'Éon savait que Valcroissant avait été arrêté alors qu'il tentait de pénétrer dans Saint-Pétersbourg déguisé en bûcheron, qu'il avait été dénoncé, qu'il n'avait sur lui aucun papier et qu'on l'avait arrêté pour espionnage. Douglas n'avait pas parlé de mort d'homme. Pourvu, pensa le chevalier, qu'il n'y ait eu à aucun moment de grabuge ou de bagarre ayant mal tourné. Mackenzie n'était peut-être pas au courant de tout... Tout le plan tombait alors par terre.

— Matouchka, voudrais-tu me faire plaisir ?

— Tu veux autre chose encore ?

— Non, rien de plus, mais j'aimerais seulement que tu écrives tout de suite l'ordre de libérer mon musicien. Tu n'aurais qu'à ajouter deux lignes à l'intention du comte Nikita Fédorovitch qui préciseront que le commandement s'annule si le prisonnier a commis un crime, lui le saura bien... Et j'irai porter ton ordre à la forteresse demain.

— Ce n'est pas très formel, mais cela peut se faire, pourquoi pas ?... Tu es si pressée de revoir cet homme à la belle voix ? Grand Dieu ! voilà qui me donne hâte de l'entendre moi aussi. Pauvre Igor Balachine, en voilà un qui aura été vite remplacé.

— J'aimerais qu'il soit libre pour Noël comme tous les autres de ta liste. Et je me dis aussi qu'il sera agréable pour toi demain, pendant que tu seras à la messe de la Nativité, de penser que je suis en route pour apporter sa liberté à quelqu'un.

— Peste ! Ce serait donc une bonne action à usage multiple... Que demander de plus ?

— N'est-ce pas cela, l'esprit de Noël ?

— Allez, tu as gagné, maligne que tu es ! Trouve mon écritoire qui doit être quelque part dans ce désordre et écris. Nous arrivons au relais, profites-en pendant que nous sommes arrêtés. Pendant cinq minutes tu vas pouvoir écrire sans faire des taches et des éclaboussures partout. Tant qu'à faire, autant que mes actes de grâce ne ressemblent pas à des torchons.

En effet, le traîneau ralentissait et s'immobilisait. À l'extérieur, on s'agitait et on s'affairait déjà pour dételer les chevaux.

— Moi ? Je dois écrire un ordre de Votre Majesté ?

— Et quoi ? Crois-tu qu'après tout ce que vous m'avez fait boire, toi et l'autre vilaine fille qui est là, fit-elle avec un sourire et une tape amicale sur la tête de Zina, je sois encore en état d'écrire quoi que ce soit ? Écris, je te dis ! Je te préviens, si tu traînes encore, je m'endors et, ton ordre, tu l'attendras jusqu'à demain après-midi.

— Mais, Majesté...

— Quoi donc encore ? Toi aussi, tu as trop bu pour tenir une plume ?

— Non, Majesté, mais je ne sais pas assez bien écrire le russe.

— Aucune importance, écris en français, Nikita Fédorovitch le comprend parfaitement. La seule chose qui compte, c'est que cet ordre porte ma signature. Tu peux le rédiger en latin ou en moldave ancien si ça te chante, c'est au destinataire de se débrouiller pour le lire, et bien entendu pour l'exécuter. Allez, cesse de lambiner, écris : « *Comte Nikita Fédorovitch, par la présente, je vous mande et commande de remettre ce jour en liberté le prisonnier...* » Quel nom m'as-tu dit déjà ?

— Vacroissou ou Vacroissant, m'a-t-il semblé, Majesté, et il porte le numéro vingt.

— Essaie d'orthographier cela au mieux... Où en étais-je ? diablesse de vodka !... Oui, donc : « *de remettre ce jour en liberté le prisonnier Vacroissou* (ici, d'Éon écrivit très exactement : « Valcroissant ») *incarcéré sous le numéro vingt, à qui j'accorde de par ma volonté sacrée la grâce entière et immuable des faits qui lui sont reprochés, sous la réserve que dans ces faits ne figure aucun crime de sang. Vous remettrez le sieur Vacroissou à la porteuse de ce message.* »

— Si tu veux bien me permettre, Matouchka, interrompit Charles-Geneviève, il faut écrire « au porteur ». Le gouverneur me connaît sous les traits du lieutenant Émilius. Si je me présente soudain en robe, cela va tout compliquer.

— Tu tiens vraiment à aller le chercher toi-même ?

— Oui, Matouchka. C'est la première fois que je vais apporter la nouvelle de sa liberté à quelqu'un. J'ai envie de voir le bonheur sur son visage.

— Tu seras prudente ? Cette route n'est pas si facile, tu sais ? En hiver, on a vite fait de s'égarer.

— Je serai très prudente, Matouchka, c'est promis.

— Tu prendras deux conducteurs que tu demanderas à Van'ka de désigner, et au moins un garde du corps. Et, tu as raison, habille-toi en garçon et ne leur dis jamais que tu es une fille.

— C'est promis, Matouchka. On dirait que tu es ma maman.

— Si j'étais ta mère, je serais plus raisonnable et je ne t'autoriserais pas à aller te promener seule au fond des bois en compagnie de deux cochers, d'un garde et d'un prisonnier inconnu tout juste libéré. Tu recevrais même une paire de gifles pour avoir émis une idée pareille.

— Ne crains rien, Matouchka. Je serai ton aide de camp Émilius Timotéovitch, tellement raide, masculin et imbu de son importance que personne ne pourra se faire la moindre idée lascive à mon sujet.

— Alors finissons si nous voulons que ce papier soit lisible, nous allons repartir.

En effet, les chevaux étaient attelés.

— « *Vous remettrez le sieur...* Chose, Croissou, je ne sais plus, débrouille-toi... *au porteur de ce message. Je prie Dieu, monsieur le comte, qu'il vous conserve en Sa sainte garde* ». Point final. Donne-moi cela...

Et comme le traîneau repartait, la tsarine saisit la plume et traça son large paraphe : *Élisabeth.*

Un compartiment en porcelaine de l'écritoire contenait du sable fin. Charles-Geneviève en saupoudra la lettre pour assécher l'encre et le souffla doucement sur le plancher. Il prit un bâton de cire à cacheter et sortit la bougie d'une des lampes. Il fit couler trois ou quatre gouttes de cire rouge cramoisi à côté de la signature et présenta la feuille à l'impératrice, elle y appliqua la bague en or qu'elle portait au petit doigt de la main droite. L'aigle à deux têtes des tsars s'imprima sur la cire encore molle.

— Merci, Matouchka, murmura Lia.

— Ce n'est rien, ma belle enfant. Et comme tu le disais, cela me fait autant plaisir qu'à toi. Des ordres comme ça, j'aimerais en signer dix par jour.

— Tu sais, Matouchka, cela m'est égal que le comte Alexis Pétrovitch soit au courant ou non. J'avais juste peur qu'il ne te déconseille d'accepter.

D'Éon bluffait. Il souhaitait au contraire ardemment que Bestouchev soit mis au courant le plus tard possible afin que Valcroissant ait le temps de prendre le large. Mais avec cette remarque, il sondait le terrain. Il se demandait combien de temps Valcroissant et lui avaient devant eux avant que le chancelier ne risque de leur barrer le chemin. Le port bloqué par la glace allait aussi leur compliquer la tâche. Valcroissant devrait quitter le pays par les routes. Par chance, il ne faisait pas trop froid, c'était doux pour Noël, avait dit le gouverneur de l'île...

— Que je lui en parle ou non, il sera au courant, répliqua Élisabeth, et c'est fort bien ainsi, c'est grâce à cela qu'il m'est si précieux. Et, oui, il dira que c'est une idée absurde. Nocive, même. Le droit et la justice sont son domaine réservé et il considère que les seules idées intelligentes en la matière sont les siennes. Toutefois, il faut bien ma signature au bas de ces sortes de documents et aujourd'hui, peu nous importe l'intelligence, il s'agit du cœur... Et, comme tu le disais, il va faire la tête parce que je t'ai emmenée à la forteresse. Eh bien, comme cela, il aura deux raisons pour la faire. J'y gagne car je ne vais avoir qu'une seule mauvaise humeur pour deux motifs... Et maintenant, laissez-moi dormir, mes enfants, mes yeux se ferment seuls, et c'est votre faute, c'est vous qui m'avez versé le contenu de ce flacon... Merci toutes les deux de ce que vous avez fait pour moi aujourd'hui... Remets du bois dans ce feu, ma Zina, mes pieds se gèlent...

L'impératrice s'était assoupie. Immédiatement, l'adroite Zina s'affaira, glissa un coussin sous sa tête, remonta la couverture de mouton jusqu'à ses épaules et souffla les bougies des lanternes. La petite Tartare et Charles-Geneviève se retirèrent chacun dans leur coin. Le traîneau silencieux poursuivit sa course rapide dans la neige.

Ils furent de retour à Saint-Pétersbourg vers six heures. Il faisait nuit, mais la veillée de Noël amenait plus d'animation que de coutume dans les rues. Les grandes maisons et les églises avaient éclairé leurs fenêtres. Des enfants glissaient sur la neige gelée en criant joyeusement. Des feux et des braseros étaient allumés aux croisements des avenues. Arrivée au palais, l'impératrice regagna tout droit ses appartements.

— Je suis très lasse, mes enfants, annonça-t-elle tandis qu'on lui retirait son manteau et ses fourrures, je vais me reposer, prévenez que je ne recevrai personne ce soir.

Lia, toujours dans son uniforme de Préobrajenski, l'accompagna jusque chez elle et admira l'air simple et naturel qu'elle savait prendre en présence de ses gens. Aucune des émotions de la journée n'était visible sur son visage ou dans son attitude. Elle avait dû s'extraire d'un profond sommeil provoqué par une demi-bouteille de vodka et allait sans nul doute se rendormir profondément dès qu'elle serait tranquille dans sa chambre mais, durant cette parenthèse, personne ne pourrait s'en douter.

Lia se tenait avec modestie. Elle répondait poliment aux bonsoirs mais n'entrait dans aucune conversation. Toutefois l'aura de respect et la déférence ultime qui entouraient ce soir Lia de Beaumont étaient palpables. Lia Timotevna avait été admise à participer aux dévotions que l'impératrice accomplissait rituellement chaque veille de Noël. C'était une marque de confiance que Sa Majesté n'avait que très rarement accordée. Cependant, faveur au zénith ou pas, dès que la porte d'Élisabeth se referma, Lia s'éclipsa prétextant elle aussi la fatigue. En marchant dans les couloirs, d'Éon sentait à l'intérieur de son manteau le papier plié qui devait libérer Valcroissant. Il fallait rejoindre Mackenzie au plus vite.

Iline avait occupé sa journée à décorer l'appartement de sa maîtresse pour Noël. Un grand feu était allumé. Des branches de sapin vertes et odorantes ornaient les murs. La table était tirée au milieu de la pièce et recouverte d'une nappe blanche joliment parsemée de brins de foin. Iline avait disposé des bougies, deux grands bols recouverts chacun d'un couvercle, et des poupées de bois peint représentant les personnages de Noël, le *Ded Moroz,* « le Père Gel », et sa petite fille, la *Snegourochka,* à la robe bleue et au diadème d'argent.

— C'est très joli, Iline, merci. Mais je profiterai de toutes ces choses plus tard. J'ai besoin que tu ailles tout de suite à la maison Pérétiakov. Sa Noblesse le chevalier de Douglas m'attend pour le dîner, tu lui dis que j'arrive bientôt. Prépare-toi mais reviens me voir avant de partir, j'écris un mot pour Sa Noblesse.

Pendant qu'Iline enfilait bottes et bonnet et ceinturait avec méthode son manteau de plusieurs tours afin que le froid ne pût trouver aucune porte d'entrée, d'Éon traça quelques lignes : « *Mon cher oncle, je suis libre de ma soirée, je suis bien heureuse de pouvoir venir souper avec vous ce soir.* »

— Tu donnes ça à Sa Noblesse et tu lui dis que j'arrive dans dix minutes.

Iline ne semblait pas déçu qu'on ne profite pas davantage de sa décoration et de son repas de fête. Au contraire, la soirée s'annonçait encore plus plaisante que prévu : on prendrait un premier dîner de Noël chez Pérétiakov – et nulle part à Pétersbourg on ne mangeait aussi bien que chez Pérétiakov – et on souperait au retour avec ce qu'il avait préparé ; excellent programme ! Il partit donc joyeusement, la lettre glissée dans sa ceinture.

D'Éon, resté seul, réfléchit à ce dont il aurait besoin pour aller récupérer Valcroissant. Il fallait partir tout de suite afin de tirer le meilleur bénéfice de la nuit de Noël et de la cuite de la tsarine. Sauf malchance imprévue, Bestouchev ne devrait pas être averti du dernier oukase signé par sa patronne avant le lendemain vers midi. Les agents du Secret pouvaient donc compter sur une fenêtre d'environ dix-huit heures. D'Éon passa dans la salle de bains, trempa une serviette dans l'eau et se frotta le visage. Plus question de maquillage ; cette nuit, il serait incontestablement un homme.

Si l'on retournait ce soir à Schlusselbourg, il fallait être prêt à faire face au froid. Il ôta donc sa tunique d'officier et ajouta par-dessous la plus épaisse de ses chemises de laine. Il retira ses bottes et passa une seconde paire de bas. Il choisit ses meilleures moufles de mouton, son bonnet de fourrure de lieutenant et une épaisse écharpe. Son manteau d'officier était doublé de renard, il n'avait rien de plus chaud. On pouvait rencontrer des loups ou des voleurs, il mit un pistolet dans chacune de ses poches ainsi que le sac qui contenait les balles et la poudre. Qu'oubliait-il ?... Oui, il avait faim. Il n'avait rien mangé depuis le repas servi le matin par Zina dans le traîneau. Il souleva le couvercle des bols disposés sur la table. Ils contenaient la *koutia*, le dessert traditionnel de Noël, de la semoule de blé cuite avec des fruits confits. Il aurait préféré du pain et de la viande ou quelque gros morceau de saucisson bien dense, mais il n'avait pas le temps d'en chercher ou d'en faire demander. Il prit une cuiller et, se servant à même le plat en se penchant en avant pour ne pas se salir, il vida le saladier à grandes lampées rapides et bruyantes. Il s'essuya la bouche sur la serviette de toilette, la jeta dans un coin et vérifia une fois de plus que l'ordre de libération de Valcroissant se trouvait bien dans la poche de poitrine de sa tunique. Il était temps d'aller rejoindre Mackenzie.

10

Srojdiestvom Cristovim !

Il y avait beaucoup de monde sur l'esplanade du Palais. D'autres officiers de Préobrajenski et de différents régiments. Manifestement toute la société militaire de Saint-Pétersbourg était en promenade à l'extérieur ce soir et c'était tant mieux car personne ne remarquerait spécialement son passage. Un groupe de camarades l'interpella gaiement en russe sans le reconnaître, le bonnet de fourrure à plumet de sa tenue d'uniforme jetait de l'ombre sur son visage et il faisait trop sombre pour qu'on puisse l'identifier à vingt pas de distance. Il ne comprit pas ce qu'on lui disait. Il salua de la main et souhaita avec entrain : *Srojdiestvom Cristovim !* Joyeux Noël ! sans ralentir le pas. Il avait de nombreuses fois répété la phrase les jours précédents. Cette attitude s'expliquait aisément : ce soir chacun avait à faire de son côté, repas de famille, petites amies, maîtresses...

De plus, songea-t-il, il ne faisait rien que de très justifiable. Mlle de Beaumont pouvait fort bien aller fêter Noël avec son papa – tout le monde prenait

Mackenzie pour son père, l'histoire de l'oncle tuteur n'avait intéressé personne, les gens ici n'aimaient pas les complications – et se vêtir en garçon afin de n'être pas importunée dans la rue, ce soir où tous les soldats étaient de sortie et où la vodka allait couler à flots.

Chez le chevalier de Douglas aussi, un bon feu brûlait et la table était mise pour le souper de Noël.

— C'est gentil de venir fêter Noël auprès de votre vieil oncle, ma nièce, fit Mackenzie avec affabilité.

Il referma la porte de son appartement et ajouta à mi-voix :

— Mais pourquoi cette tenue ?

Il avait déjà vu Lia porter des vêtements d'homme, mais le maquillage, la coiffure, quelques artifices de toilette, l'attitude et la façon de parler avaient toujours rendu évident que ce jeune officier délicat était une demoiselle habillée en garçon. Ce jeu nuancé était même l'un des triomphes d'acteur du chevalier d'Éon. C'était la première fois que Mackenzie voyait le chevalier ayant réintégré sa complète masculinité. Hors la fameuse nuit où ils avaient tous deux expédié Mme Gontet-Joly aux Amériques, mais il portait alors une discrète redingote civile choisie pour passer inaperçu. Ce soir, le visage fermé et résolu du chevalier ainsi que l'uniforme flamboyant de Préobrajenski rendaient le contraste encore plus saisissant. Si quelqu'un appartenant au palais l'apercevait ainsi, il se poserait immédiatement des questions tout à fait justifiées sur l'identité de Mlle de Beaumont. Ou le *boy* était devenu fou, ou il se passait quelque chose de très spécial.

— Tous les militaires de Pétersbourg sont en promenade, Mac, répondit d'Éon. Ce soir, cet uniforme est le comble du furtif.

Il alla ouvrir la porte de la chambre de Mackenzie afin de s'assurer qu'il ne s'y trouvait personne. Il contrôla aussi celle qui avait été la sienne et entrouvrit la porte du palier pour un rapide coup d'œil.

— Où est Iline ?

— Il doit nous monter le souper ; je lui ai dit qu'après cela nous nous servirions nous-mêmes et qu'il pouvait passer la soirée avec ses amis à l'office ; il ne s'est pas fait prier. Tu as besoin de lui ?

— Pas du tout, c'est parfait comme ça... Il n'y a personne d'autre chez vous, Mac ?

— Pardieu ! qui veux-tu qui soit chez moi à cette heure ? Mais, que se passe-t-il ?

D'Éon allait commencer son récit mais des pas se firent entendre dans l'escalier.

« Le souper ! » annonça Iline depuis le palier.

— Attendez un instant, Mac, murmura Charles-Geneviève. Ils sont au moins deux, mieux vaut qu'ils ne me voient pas sans maquillage.

Il passa dans son ancienne chambre. Iline et le valet qui servait habituellement Mackenzie entrèrent les bras chargés de plats recouverts de cloches en argent qu'ils arrangèrent sur la table. Iline ajouta du bois dans le feu et rajusta les rideaux pour garantir la pièce de tout courant d'air.

— Tout être bien, Votre Noblesse ? Lia Timotevna est arrivée ?

— Tout va bien, mes enfants, répondit Douglas. Miss Lia est là, dit-il en désignant la porte fermée de sa chambre, elle se fait belle pour Noël, vous savez comme sont les filles les soirs comme celui-ci... Il donna à chacun une pièce de dix kopecks : tenez, voilà pour vous deux... Nous n'avons plus besoin de rien. Allez vous amuser. *Srojdiestvom Cristovim !...*

— *Srojdiestvom Cristovim,* Votre Noblesse !... répondirent les deux garçons avant de disparaître dans l'escalier.

Le chevalier de Douglas donna un tour de clé à la porte et alla ouvrir celle de Charles-Geneviève :

— Et maintenant, vas-tu me dire ce qui t'arrive ? Pourquoi as-tu renoncé aussi totalement à ton apparence de fille ? Tu as tué le chancelier Bestouchev ? *Jesus !* dis-moi, je m'inquiète réellement.

— Mac, demanda d'Éon à mi-voix, ne m'avez-vous pas dit sur cette plage de Courlande, avant d'entrer en Russie, qu'une des raisons qui vous avaient poussé à accepter cette mission était la possibilité de retrouver le chevalier de Valcroissant ?

— Tu as découvert quelque chose à son sujet ?

— Je sais où il est, Mac.

— Où ?

— Il est à Schlusselbourg, dans cette forteresse qui vous a tant intrigué. Je ne l'ai pas vu, mais j'ai entendu sa voix. Dans quelle région de la France est-il né ?

— Blaye, je crois. En tout cas quelque part près de la Garonne. Qu'est-ce qui te fait croire qu'il s'agissait bien de lui ?

— Il a l'accent gascon ?

— Un peu. Pas énormément, parce qu'on l'a

envoyé jeune faire ses études à Paris. Explique-toi, tu me fais griller à petit feu... Tu es allé à Schlusselbourg ?

— Alors c'est bien lui ! fit victorieusement d'Éon sans se soucier des affres dans lesquelles il plongeait son compagnon. Et ce n'est pas tout, Mac, lisez ceci...

Il déplia l'ordre de libération revêtu du paraphe d'Élisabeth.

— Qu'est-ce que cela ? demanda le chevalier de Douglas en parcourant le document. *Je vous mande et commande... Vous remettrez le sieur Valcroissant...* Comment as-tu obtenu cela, *kid* ? Tu as tout raconté à l'impératrice ?

— Bien sûr que non, Mac ! C'est mon cadeau de Noël. Un caprice. Elle m'a demandé ce que je voulais. Et comme j'ai bon cœur, plutôt qu'une robe ou une parure, j'ai demandé la liberté d'un prisonnier, et j'ai choisi celui-là parce qu'il est mon compatriote et qu'il a une belle voix quand il chante. Elle aussi aime les hommes à la belle voix, c'est pour sa voix qu'elle a distingué le comte Razoumovski... C'est du reste une chance que Valcroissant chante juste, cela m'a bien simplifié les choses.

— Reprends depuis le début, *boy*. Tu mélanges tout. J'ai besoin de comprendre. Tu es allé à Schlusselbourg ? Aujourd'hui ?

— Oui, l'impératrice s'y rend rituellement chaque année à la veille de Noël pour visiter les prisonniers. Et ce matin, tôt, elle m'a désignée pour l'accompagner.

— Tu as pu savoir qui sont les gens détenus là-bas ?

— Non, répondit le chevalier qui avait l'intention sincère et solide de respecter la parole donnée à Élisabeth. J'ai cru comprendre qu'il s'agissait de prisonniers d'État à l'identité tenue très secrète, mais sur ce sujet elle est restée muette comme un catafalque, pas un mot, pas une allusion. En arrivant là-bas, elle m'a confiée aux bons soins du gouverneur de la forteresse qui m'a promenée et fait la conversation pendant qu'elle rencontrait les prisonniers qu'elle était venue voir... J'ai bien compris que ce gouverneur avait tout organisé pour que ni l'impératrice ni moi ne croisions aucun soldat ni détenu, au point que j'ai cru pendant un moment que cette forteresse était déserte... Visite strictement confidentielle, vous voyez cela ? Mais il y a eu une faille dans le cloisonnement. Une fenêtre s'est soudain ouverte, laissant entendre une chorale de soldats qui répétait. Jusqu'ici, rien de très surprenant. Oui, pourquoi pas ? Ils ont bien le droit d'avoir des passe-temps... Mais ce qui a tout de suite capté ma curiosité, c'est que celui qui dirigeait cette chorale parlait alternativement le russe et le français, et le français avec l'accent du Sud-Ouest. Le gouverneur m'a alors expliqué qu'il utilisait les talents de ce détenu français afin d'occuper ses soldats à qui la vie de garnison sur cette île fout le bourdon. Encore une fois, rien d'invraisemblable dans tout ça. Je me demandais même vaguement ce que ce maître de musique avait pu commettre comme escroquerie pour se retrouver là...

— Dans une prison d'État ?

— En effet, cela me chiffonnait un peu. Mais après tout je ne sais pas comment on répartit les prisonniers dans ce pays... Et soudain, voilà que ce maître de chorale dit son nom, ou plutôt il le chante !... Il reprend un refrain avec ses choristes et, par-dessus l'ensemble, il chante en français : *Valcroissant vous emmerde... Valcroissant vous emmerde...* Deux fois. Personne n'y a pris garde. Les soldats n'ont pas compris et, par miracle, le gouverneur qui, lui, parle très bien le français, à cet instant n'écoutait pas. J'ai eu l'impression de recevoir une bûche sur la tête mais personne, je crois, ne s'en est aperçu.

— *Straight to hell !* C'est bien lui, *kid* !... Cela lui ressemble exactement. Et cet ordre de mise en liberté ?

— Pendant le trajet du retour, l'impératrice n'allait pas trop bien. Je crois que certains des prisonniers qu'elle retient là-bas n'ont pas grand-chose à se reprocher. Elle pleurait, elle avait des remords. Je l'ai consolée, tapotée, réconfortée, comme le voulait mon devoir de dame de compagnie ; et je lui ai fait boire un peu, disons même pas mal, de vodka. Et je lui ai suggéré pour apaiser sa conscience de libérer des prisonniers pour Noël. Manque de chance, c'était déjà fait, mais elle m'a permis d'en ajouter un à la liste. J'ai désigné alors cet inconnu à la belle voix que j'avais de la façon la plus romanesque du monde entendu sans le voir à la forteresse. Et j'ai profité de ses bonnes dispositions pour lui faire signer l'ordre de mise en liberté tout de suite. Et maintenant, nous allons aller le chercher pendant qu'ils sont tous attablés pour le réveillon et que l'impératrice cuve sa vodka en dormant.

— *Kid,* tu es le pire des agents secrets !... Incapable de stratégie. Tu ne fonctionnes qu'à l'impulsion. « Nous allons le chercher... » Tu es capable, toi, de trouver ton chemin en pleine nuit jusqu'à Schlusselbourg ? Tu as vu à quoi ressemblent les routes dans ce pays en hiver ? Je ne nous donne pas trois lieues hors de la ville pour nous perdre dans la première plaine de neige qui se présentera. On retrouvera demain nos cadavres transformés en glaçons, ce qui fera bien rigoler Son Excellence Bestouchev et Sa Seigneurie Williams ; ils pourront trinquer pour Noël en nous trouvant bien sympathiques de nous être chargés nous-mêmes de nous faire disparaître... Et en supposant que nous trouvions notre route, si nous parvenons à sortir Valcroissant de Schlusselbourg, nous nous dénonçons. Cela ne t'a pas effleuré quand tu as prononcé son nom devant la tsarine ?

— Si. Pleinement. Mais j'ai choisi de prendre le risque. Je me suis dit que c'était un miracle de l'avoir retrouvé, une chance à saisir dans l'instant parce qu'ils peuvent à tout moment le changer de prison et l'envoyer si loin que nous ne pourrons peut-être jamais le retrouver une seconde fois.

— *Damn'it,* c'est vrai... Écoute... Voyons, récapitulons.

Douglas s'assit face à la table et joignit les doigts devant son visage :

— Un, Bestouchev et Williams pour l'instant n'ont à notre sujet que des soupçons. De forts soupçons mais aucune preuve. Nous avons apporté à la tsarine un message de Louis XV qui était une réelle proposition d'alliance avec la France, et qui a été suivie d'effet. Mais nous ne sommes peut-être que des porteurs de lettre : un scientifique farfelu et sa nièce... Deux : ils ne savent pas qui est vraiment Valcroissant.

Il est presque impossible qu'ils sachent qu'il appartient au Secret. Ou le Secret n'est plus secret, ce qui serait fort grave, mais nous n'avons jamais eu connaissance d'aucun signe pouvant laisser croire que l'existence du Secret a été pénétrée... Ils ont arrêté un Français déguisé en bûcheron qui portait avec lui deux ou trois cents roubles. Bestouchev l'a très évidemment soupçonné de vouloir joindre la tsarine de la part de la France mais Valcroissant n'avait rien sur lui, aucun message. Ils l'ont arrêté et se sont arrangés pour que l'information remonte jusqu'à Paris : manœuvre d'intimidation pour décourager Versailles de retenter l'expérience au cas où Valcroissant aurait bien été envoyé par Louis XV. Mais, s'il ne l'était pas, ils savent qu'ils ont envoyé au trou un particulier un peu azimuté qui a de drôles de façons de voyager. Ils n'ont pas de certitude... Mais, aujourd'hui, si nous admettons que nous le connaissons, toutes leurs pièces s'emboîtent. Nous appartenons à une même organisation.

— Ce pourrait être une coïncidence. C'en est une. Personne ne savait que je devais aller à Schlusselbourg aujourd'hui. Même pas moi. Même pas l'impératrice qui a décidé de m'emmener un instant avant de partir. Et personne là-bas ne m'a dit le nom de Valcroissant. Je l'ai entendu par hasard, à cause d'une négligence du gouverneur. Tous ceux qui étaient sur l'île aujourd'hui le savent... Ensuite, quand on m'a offert de rendre sa liberté à un prisonnier en faveur de l'avènement du Christ, par empathie j'ai choisi un Français puisqu'il s'en trouvait un là.

— Bestouchev est le ministre de la police. Ces gens

ne croient pas aux coïncidences. Même ce qui a réellement relevé du hasard dans cette histoire, il n'y croira pas. Il pensera que tu t'es arrangée pour te faire emmener par l'impératrice ; tu bénéficies d'une telle faveur que cela est possible ; il ne sait pas ce que vous vous racontez pendant ces séances de lecture qui durent jusqu'au milieu de la nuit... Il se dira même que tu as gagné sur la tsarine une influence plus importante encore que ce qu'il craignait... Et il sera convaincu que nos informations sont meilleures que ce qu'il pensait puisque nous savions où se trouvait Valcroissant. Il croira même que quelqu'un de leur côté a lâché le renseignement. Il va y avoir du soupçon qui va voler bas au ministère et à la forteresse.

— Et alors, demanda d'Éon, quelle est la conclusion ? Nous laissons Valcroissant là-bas ? J'explique demain à la tsarine que, non, finalement, j'ai renoncé à ma bonne action de Noël, que je lui rends son papier et qu'il n'a qu'à rester sur son île, celui-là... ? Avec la possibilité désormais élevée que Bestouchev l'envoie par prudence à l'autre extrémité de l'empire quand il apprendra que je me suis intéressée à lui, ne serait-ce qu'un instant.

Le chevalier de Douglas appuya son front sur ses doigts, cherchant à adapter ces éléments entre eux. Il fallait prendre une décision. Maintenant. Et ne pas se tromper. Il releva soudain la tête et son regard rencontra les plats recouverts de cloches apportés par Iline et son compagnon. Il se leva et souleva les couvercles, l'un des plats contenait une oie rôtie garnie de pommes et l'autre une pyramide de pâtés et de pirojkis.

— Mangeons, décida-t-il. Nous n'avons pas le droit de commettre d'erreur. Nous penserons peut-être plus clairement le ventre plein ; du moins, essayons. Et si nous décidons de partir, il faudra que nous nous soyons correctement alimentés.

D'Éon trouva l'idée raisonnable. Le bol de semoule aux fruits confits l'avait en quelque sorte mis en appétit. L'un des problèmes d'être une jeune fille était que ces créatures ne mangeaient presque rien. Elles picoraient comme des oiseaux, gémissaient d'avoir trop mangé pour une aile de poulet et se lamentaient d'être grosses quand on aurait pu faire le tour de leur taille avec les doigts des deux mains. Élisabeth, elle, avait un appétit digne de ce nom et, chez elle, Charles-Geneviève aurait pu manger comme il le souhaitait, mais il n'osait pas, justement pour jouer avec exactitude son rôle de fille. Même seul dans son appartement, il prenait garde à ce qu'il mangeait afin de ne pas susciter l'étonnement d'Iline et de ses femmes de chambre. En fait, depuis qu'il était une jeune fille, il avait l'impression d'avoir faim sans cesse. Il n'y avait que chez Mackenzie qu'il pouvait se sustenter sans se poser de questions. La table était dressée, il emplit son assiette de pirojkis et posa sur le sommet un morceau d'oie d'une demi-livre.

— La question, reprit Mackenzie après avoir mastiqué en silence le tiers d'une cuisse de l'oie, ce n'est pas Bestouchev, c'est l'impératrice. Lui pense déjà pis que pendre de nous et n'attend qu'un bon motif pour nous dénoncer. Elle, c'est toi qui la connais le mieux. Est-ce que tu penses qu'elle le suivra s'il lui raconte que tu as programmé et réalisé l'évasion d'un espion français ? Car c'est dans ces termes que la question se posera.

Le chevalier d'Éon ralentit son repas et cessa même de manger pour se concentrer plus profondément sur cette question. Cette journée, ce voyage à la forteresse, avait été entièrement dominée, et même subjuguée, par la présence presque écrasante d'Ivanouchka ; mais, cela, d'Éon ne pouvait pas le dire à Douglas. Pour Élisabeth, rien d'autre n'avait vraiment eu aujourd'hui de réalité. Avait-elle seulement prêté attention à quoi que ce fût d'autre ?... Quelle importance attacherait-elle à un obscur détenu français contre qui il n'existait même pas de véritable charge ?... Elle avait signé sa libération ; pour elle, c'était une affaire réglée, elle s'étonnerait même qu'on lui en reparle. Élisabeth avait signé parce qu'elle se sentait mieux, parce que la compassion de Lia et de Zina lui avait fait du bien, parce qu'elle voulait rendre un peu de ce bien, à cause aussi de la vodka Zoubrowska ; et enfin – cela, d'Éon l'avait intimement senti – parce qu'on s'éloignait de Schlusselbourg et de l'enfant, et qu'elle n'aurait plus à affronter son regard ni son visage pendant plusieurs mois, peut-être une année... Elle était scrupuleuse, sensible aux choses sacrées, la preuve : cette visite qu'elle s'obligeait à rendre chaque année à l'enfant malgré la souffrance et l'angoisse qu'elle lui causait... Elle ne remettrait pas en question un don qu'elle avait fait dans de telles circonstances.

— L'impératrice croit, répondit enfin d'Éon, que j'ai eu une liaison avec le roi Louis XV. Que cette situation lui a permis de découvrir chez moi une sorte d'esprit d'aventure qui lui a plu. Lequel lui a donné l'idée originale et audacieuse de m'envoyer comme messagère, puisque les messagers précédents n'avaient pas pu arriver jusqu'à elle...

— Tout cela est presque vrai, observa Douglas.

— À quelques détails près. Mais il en ressort que je puis reconnaître avoir été au courant de l'existence de Valcroissant si elle me pose la question en me regardant dans les yeux. Cela arrive, et je vous assure, Mac, qu'il n'est pas facile de mentir face à ce regard-là... Elle sait aussi, elle en a la certitude, c'est elle-même qui a créé cette situation, que je ne pouvais pas savoir que j'entrerai aujourd'hui, ni seulement un jour de ma vie, à Schlusselbourg. Presque personne ne pénètre en ce lieu, vous l'avez observé le premier, Mac. Elle sait aussi de science sûre que le cloisonnement là-bas rend tout contact impossible ; il aura fallu le hasard d'une fenêtre ouverte, un événement qui a eu lieu mais qui était très improbable... Et je pense aussi que Bestouchev ne pourra pas s'indigner trop hautement de la libération de Valcroissant car en l'arrêtant il a intercepté un courrier du roi Louis XV à l'impératrice ; un courrier particulier, quasi clandestin, mais qu'elle n'aurait peut-être pas été fâchée de recevoir. Et il ne lui avait pas parlé de cette opération puisqu'elle ne connaissait pas ce nom. Enfin, ce voyage à la forteresse aujourd'hui a été moralement pénible pour elle, je lui ai rendu un vrai service en l'accompagnant. Pendant les journées qui arrivent, elle ne devrait pas me vouloir trop de mal. Mac, je crois que nous pouvons y aller... Je pense même que c'est le meilleur moment et que, si nous le manquons, il ne se représentera sans doute jamais.

— Alors, banco, *boy* ! Allons-y et, à la grâce de Dieu ! Si nous sortons Valcroissant de Schlusselbourg, tu auras réussi la plus belle opération de récupération jamais réalisée par le Secret.

— Avec tout cela, je ne garantis rien. Mon beau raisonnement ne vaut peut-être pas un clou. Si nous nous retrouvons enchaînés cheville à cheville à construire une route en Sibérie, nous saurons que je me suis trompé ; mais, ce risque, nous savons que nous le prenons depuis que nous sommes entrés en Russie.

— Il faut avoir conscience qu'après cela, tout sera pour nous beaucoup plus dangereux. Bestouchev nous aura deux fois plus à l'œil.

— On veillera au grain, Mac. Et pour la route ? Pour ne pas finir notre existence sous forme de glaçons ?

— Il nous faut un guide, et un cocher expérimenté, il n'y a que les gens d'ici qui savent conduire dans ces conditions de froid. Les hommes d'écurie de Pérétiakov sont plutôt des familiers de la ville. Nous allons encore avoir besoin de notre contact. Il nous faut l'aide de du Ferment pour trouver un conducteur capable d'aller cette nuit jusqu'au lac et d'en revenir.

— N'est-ce pas dangereux d'avoir avec nous des témoins que nous ne connaissons ni ne contrôlons ?

— Tu ne te caches pas... C'est une mission on ne peut plus officielle puisque validée par un oukase de la tsarine. Tu assumeras d'être une écervelée qui n'a même pas pu attendre le lever du jour pour aller faire sa jolie bonne action de Noël. Tu penses que l'impératrice croira ça ?

— J'espère. Il est difficile de prévoir ce que les gens de ce pays vont trouver extravagant ou non. Elle est très fine, il est difficile de la tromper si elle daigne s'intéresser à une question. Mais si cette histoire demain ou après-demain a cessé de l'intéresser, mes horaires n'auront plus aucune importance. Mais, vous ne venez pas avec moi ?

— Bien sûr que si, mais l'officier de Préobrajenski, le messager de la tsarine, c'est toi. Je serai ton domestique.

— Vous ne parlez pas assez bien le russe.

— Tu auras un valet allemand, c'est assez bien vu, plutôt chic, cela fait propre et méthodique. Maintenant que nous sommes décidés, allons-y. Finis cette assiette, ou plutôt cette mangeoire, pendant que je m'habille pour le froid, tu sembles encore à moitié mort de faim. Je vais descendre prévenir Pérétiakov que nous allons continuer la soirée *Chez Gaspard* et que personne ne s'inquiète de nous. Que veux-tu que je dise à Iline ?

— Que je veux qu'il rentre m'attendre au palais. Quand nous reviendrons, s'il me faut redevenir une fille sans perdre de temps, j'aurai besoin de lui.

11
Plan de campagne

Chez Gaspard. Mode de Paris. Fine cuisine française, huîtres en toutes saisons et foie gras du Périgord ne se trouvait pas loin de *Chez Pérétiakov. Épicerie de luxe et Comestibles.* Trois cents pas environ le long de la Perspective Nevski. Le restaurant français était illuminé pour la soirée de Noël par tout ce qu'on avait pu y allumer de bougies et de flambeaux. Il était empli de monde à ne plus pouvoir entrer. Toutes les tables étaient prises, on avait ajouté des chaises et ceux qui n'avaient pas trouvé de siège pour s'asseoir restaient debout et se promenaient là où ils le pouvaient, tout cela dans un bruit tonitruant.

— Attends-moi dehors, *boy*, murmura Douglas, la moitié de Préobrajenski doit se trouver là-dedans.

— Et la totalité de l'ambassade d'Angleterre...

— Et alors ? ils savent bien que je suis un habitué de l'endroit. Et je ne vais pas passer Noël tout seul dans ma chambre, ce serait excessivement déprimant... Et, tu m'y fais penser, je vais aller leur souhaiter un petit bonsoir. Tant mieux si les larbins de Williams me savent en ville ce soir.

— Je vous attends dans la traverse mais, faites vite, il fait vraiment froid.

— C'est comme si j'étais déjà là, petit...

Douglas entra *Chez Gaspard* posément, en client aisé, familier de la maison et qui paie comptant ses additions. Il se rendit tout droit à la table où la dizaine d'employés de l'ambassade de Sa Majesté britannique avait l'habitude de s'asseoir. Le personnel de l'ambassade éprouvait pour lui la plus grande considération depuis qu'il avait sauvé la vie d'Oswald, du moins ils le croyaient. La gratitude et l'admiration du jeune Oswald envers Sir Douglas étaient illimitées ; il lui avait établi auprès de ses collègues une réputation de savoir et d'humanité inégalables, un mélange de saint Vincent de Paul et d'Isaac Newton. Mackenzie fut accueilli avec déférence. On lui servit un verre de vin de Sauternes dont il compta du coin de l'œil plusieurs bouteilles déjà vides. « Excellent », songea-t-il.

— *Merry Christmas ! my dear friends...* souhaita Douglas. Encore un Noël bien loin de chez nous, n'est-ce pas ? Des soirs comme celui-ci nous font souvenir que nous avons tous dans le cœur une maison ou un village où peut-être on pense à nous aujourd'hui.

— *Merry Christmas,* sir Douglas ! oui, encore un Noël dans le froid..., lui répondit-on.

— Tout n'est pas mélancolique, il y a aussi une bonne nouvelle, observa le chef du secrétariat.

« L'ambassadeur Williams est gravement malade ? » pensa Mackenzie, le visage toujours affable et courtois.

— Me ferez-vous le plaisir de me l'apprendre ? interrogea-t-il.

— Eh bien, les jours recommencent à allonger, Sir Douglas.

— C'est en effet une excellente nouvelle et je vous remercie de m'en avoir fait souvenir. Alors donc : au retour des beaux jours, mes amis !... conclut-il en levant son verre.

— Au retour des beaux jours, Sir Douglas !...

— Je vous souhaite à tous une excellente soirée ; fort impoliment, je dois vous quitter mais on m'attend pour le souper.

— Passez un agréable Noël, *sir !*

« Sage précaution, dix témoins imparables..., songea Douglas en s'éloignant de la table anglaise. Au retour des beaux jours, mes amis !... Et *Ficktol'bimsh't* pour l'Angleterre ! Et un cancer du trou du cul au roi George II de Grande-Bretagne, à son fils affectueusement surnommé "le boucher", et à tous les *Brits* installés en Écosse ! »

Progressant patiemment à travers la foule, Mackenzie s'approcha du propriétaire des lieux qu'il avait repéré dès l'entrée. Pierre du Ferment se tenait près de son comptoir, très affairé à diriger le service tout en répondant aux salutations de sa clientèle.

— Joyeux Noël, *old man,* murmura Mackenzie quand il fut enfin parvenu assez près.

— Ah, joyeux Noël à vous aussi, Sir Douglas ! répondit le patron de *Chez Gaspard* en levant les yeux. Tout va-t-il à votre convenance ? Voulez-vous que je vous trouve une table ?

Depuis le départ un peu aidé de Mme Gontet, Mackenzie avait pris soin de venir prendre ses repas *Chez Gaspard* plusieurs fois par semaine. Assez souvent pour connaître les serveurs par leurs petits noms, saluer familièrement le patron et en être salué de même. Rien de dangereux à cela, au contraire, avait jugé Douglas. *Chez Gaspard* était l'une des adresses les plus appréciées de la ville, particulièrement par les expatriés ; la plupart des clients de l'endroit appelaient du Ferment par son prénom ; si un nouveau problème de la sorte Gontet-Joly survenait, rien ne serait plus rapide et efficace que de pouvoir aborder naturellement et sans temps perdu l'agent *Michel*, le résident du Secret à Saint-Pétersbourg.

Mais l'opération Valcroissant qui se préparait ce soir ne pouvait pas réellement être qualifiée de problème, c'était plutôt une extraordinaire opportunité. Et Mackenzie, maintenant que l'entreprise était décidée, se sentait formidablement motivé et disposé à prendre des risques calculés. Comme il l'avait dit un moment plus tôt au chevalier d'Éon, s'ils réussissaient, ils auraient monté la plus belle opération de récupération de l'histoire du Secret. Et ils allaient réussir, par saint Andrew, saint Cuthbert, saint Kentigern et tout ce que l'Écosse avait pu produire sur le terrain de la sainteté !

— Tout va bien, mon cher Pierre, répondit-il.

Douglas baissa la voix et attendit un instant. Un orchestre tzigane devait animer la soirée, les musiciens accordaient leurs instruments. Les violons tziganes formaient une harmonie un peu hétéroclite avec les huîtres, le foie gras périgourdin, les vins du terroir français et le punch de la Jamaïque, spécialité de la maison, mais c'était ce que la clientèle de l'endroit aimait. Dès qu'ils commencèrent à jouer, Mackenzie continua à mi-voix :

— Cela peut paraître surprenant en cette saison, mais : *le champ semé en verdure foisonne.*

Fragment de poème et phrase codée intelligible seulement pour les membres du Secret, que du Ferment traduisit aussitôt par : *je demande une assistance immédiate.* Le patron de *Chez Gaspard* ne put contenir un rapide regard que Douglas déchiffra instantanément : « Y a-t-il quelque mauvaise nouvelle à propos de cette lectrice que nous avons neutralisée ? » Mackenzie, le temps d'un instant, baissa les paupières puis les releva. « Pas d'affolement ; rien n'est signalé de ce côté-là. »

— Je vous ai réservé un salon, sir Douglas, reprit du Ferment à haute voix. Si vous voulez bien m'accompagner...

Les musiciens jouaient maintenant très fort, accompagnés par la salle où tout le monde frappait des mains. Le moment était bon pour des échanges nécessitant la discrétion. Très naturellement, du Ferment ouvrit le passage à travers la foule pour Douglas, le guidant vers la porte conduisant aux salons privés du premier étage et referma derrière eux. Mais au lieu d'emprunter l'escalier, il suivit un couloir qui conduisait à son bureau. Il en ferma avec soin la porte.

— Personne ne pénètre dans cette pièce sans mon autorisation, dit-il à mi-voix, nous pouvons parler. En quoi puis-je vous aider ? Et, où est le jeune homme ?

— Il nous attend dans la traverse. Peut-on le faire entrer discrètement ? Car il doit avoir un peu froid.

Du Ferment médita un instant.

— Par la porte de service, tous mes gars des cuisines peuvent l'apercevoir... Attendez-moi, je vais le chercher en passant par l'écurie.

— Vous le reconnaîtrez, il porte l'uniforme de Préobrajenski.

Du Ferment s'inquiéta soudain :

— N'est-ce pas excessivement dangereux ? Vous savez, chevalier, les gens de Préobrajenski ne plaisantent pas avec leur uniforme et leur appartenance au corps. Je les connais bien, ils viennent ici souvent. Préobrajenski, c'est l'élite de l'élite. L'impératrice leur passe tout. Une plaisanterie comme celle-ci peut mal finir.

— Ce n'est pas une plaisanterie. Le chevalier a été promu lieutenant par la tsarine elle-même et reçu au régiment selon les formes. Il faut vous y faire, mon cher Pierre, ce gamin a le génie de l'infiltration à un point qui me stupéfie moi aussi. Et de plus, il est attaché à l'impératrice et n'est pas tenu d'effectuer les corvées liées à son grade. S'il n'est pas entré chez vous avec moi par la grande porte, c'est que ce soir est... particulier.

Du Ferment n'avait jamais vu d'Éon qu'en vêtements masculins. Il connaissait un jeune homme discret qui avait aidé à charger sur un navire une malle encore plus discrète par une nuit brumeuse de novembre. Comme bien du monde à Saint-Pétersbourg, il avait entendu parler de Mlle de Beaumont, la nouvelle favorite française de l'impératrice, mais il ne lui serait pas venu à l'idée que ces deux personnages puissent n'en faire qu'un. Pour la sécurité de chacun, Douglas avait jugé qu'il n'était pour l'instant pas nécessaire d'informer l'agent Michel de la double identité du chevalier d'Éon.

Un bruit de pas se fit entendre, du Ferment revenait suivi par Charles-Geneviève.

— Je vous écoute, de quoi avez-vous besoin ?

— Trois choses, répondit Douglas. D'abord, un traîneau capable de nous emmener ce soir à Schlusselbourg et de revenir. Nous serons trois passagers au retour.

— C'est possible. La nuit de Noël, ici, c'est une habitude d'aller saluer la famille jusqu'à cinq ou six lieues de Saint-Pétersbourg. Toutes les troïkas à louer sont disponibles et leurs chevaux bourrés d'avoine depuis deux jours pour se préparer à cette nuit qui est souvent la meilleure recette de l'année pour les conducteurs. Schlusselbourg est plus loin, il faudra prévoir un relais, mais le cocher pourra récupérer ses chevaux sur le trajet du retour donc il acceptera la course. Il faudra aussi payer deux conducteurs à cause du froid. En cette saison, ils se relaient. L'un se réchauffe sous une bâche à l'arrière pendant que l'autre mène. Deux cochers, la distance, les chevaux de relais, divers suppléments dus au froid et à Noël, ils demanderont quarante à cinquante roubles.

— Pour le service qu'ils vont rendre au Secret, c'est fort raisonnable, dit Mackenzie.

— Quelles sont les deux autres choses ?

— Je vous l'ai dit, nous reviendrons de Schlusselbourg à trois. Ce troisième passager sera un agent du Secret, détenu à la forteresse depuis presque un an. Notre jeune confrère a obtenu pour lui un ordre de libération. Nous allons le faire sortir ce soir mais il a toujours des ennemis puissants à Pétersbourg. Il faudra le cacher à son arrivée et organiser son départ de Russie dans les plus brefs délais.

— Vous parlez du chevalier de Valcroissant ?

— Vous êtes au courant ?

— On m'en a fait part lors de mon dernier passage à Paris. Il entre dans mes attributions de savoir s'il y a des membres du Secret présents dans mon secteur, incarcérés ou non. Le Comte m'a demandé d'essayer de découvrir l'endroit où il se trouve, mais je n'avais aucun indice.

Il considéra d'Éon avec une perplexité mêlée d'admiration :

— Schlusselbourg est un endroit où il est impossible de nouer aucun contact. Comment avez-vous fait, chevalier ?

— Le hasard m'a aidé, répondit d'Éon.

— Autre chose, cet ordre de libération, est-ce un vrai ou l'avez-vous rédigé vous-même ?

— Il n'y a pas plus authentique. Il est signé par la tsarine.

— Par Notre-Dame de Caudebec ! Comment avez-vous obtenu cela ?

— Je suis une sorte de favori, cela rend les choses étonnamment faciles.

— Eh bien, si le chevalier de Valcroissant est protégé par un oukase impérial, il ne craint rien... Il peut se promener comme il le veut dans les rues de Saint-Pétersbourg.

— Non, intervint Douglas. L'impératrice a signé cet ordre parmi d'autres, en faveur de Noël, et sa protection n'ira sûrement pas plus loin. Valcroissant conserve des ennemis coriaces et rancuniers, ceux qui l'ont fait arrêter : les Anglais et le cabinet Bestouchev. Ils ne seront sûrement pas ravis de cette libération obtenue dans leur dos. Une balle est vite partie.

Du Ferment réfléchit quelques instants :

— La procédure normale exigerait que le chevalier de Valcroissant aille présenter à la police l'oukase qui le gracie, afin qu'on lui délivre un permis de circuler ou un passeport s'il désire quitter le pays. Vous voulez donc éviter ces formalités.

— Elles sont inenvisageables, dit Douglas. Il faut qu'il quitte le pays avant même qu'on comprenne qu'il n'est plus en prison.

— Ce redoux est une chance, dit du Ferment. Le brise-glace est passé ce matin et quelques bateaux ont pu sortir. Il repassera demain si le froid n'est pas revenu pendant la nuit. J'ai un chargement de soieries bloqué en Suède, en face, de l'autre côté du golfe. Si demain matin vous êtes revenus à temps, je peux embarquer pour aller les chercher moi-même et le chevalier de Valcroissant m'accompagnera comme s'il était mon commis. En Suède, il sera hors de danger. Et, toujours avec le passeport de mon commis, il pourra continuer le voyage en transportant quelques caisses de fourrures jusqu'à mon magasin de Rouen.

— C'est un plan excellent, Pierre, dit Douglas. Vous êtes un homme précieux. Mais pourrez-vous quitter votre établissement, comme cela, du jour au lendemain ? Cela ne va pas paraître étrange en pleine période de Noël ?

— Dans le commerce, ce sont des choses qui peuvent arriver, et qui m'arrivent souvent du reste. Demain, le grand chambardement de Noël sera passé, les affaires vont être plus calmes. Et l'aller et retour vers la Suède n'est pas très long.

— Si le froid revient et que le port regèle ?

— C'est fort probable. C'est classique, ici. On embarque alors à Narva ou Sosnovi, à l'entrée du golfe, à une ou deux journées de route ; moins d'une pour moi, j'ai de très bons chevaux. Mais il reste dans cette affaire un point qui peut tout faire manquer, c'est le contrôle à l'entrée de la ville. On devrait beaucoup boire cette nuit dans les corps de garde aux barrières mais si vous tombiez sur l'unique militaire sobre de la ville, le seul papier que vous pourrez produire pour le chevalier de Valcroissant sera cet oukase impérial. Le cachet de la tsarine va l'affoler et il appellera ses chefs de peur de commettre une bévue. Le chevalier pourrait être retenu par la police sous le motif de lui établir des papiers en règle, ce qui peut prendre plusieurs jours dans ce pays, surtout pendant les fêtes de Noël.

— Ah, fit Douglas. Avez-vous une idée pour éviter cet obstacle ?

— Valcroissant pourrait-il se cacher dans la malle arrière ? proposa d'Éon.

— Ce n'est pas une voiture que vous allez utiliser, c'est une troïka, un traîneau. Ces véhicules sont petits et uniquement prévus pour le transport des personnes. Il n'y a pas de malle arrière. Et je vous déconseille de tenter de cacher M. de Valcroissant. Vous aurez deux conducteurs que vous ne connaissez pas. Ils seront d'accord pour vous demander le double du prix normal pour cette course mais pas pour avoir des histoires avec les autorités. Ils pourraient vous dénoncer au passage de la barrière et je ne suis pas sûr que votre uniforme serait suffisant pour vous protéger.

— Valcroissant pourrait-il utiliser les papiers d'un de vos employés ? proposa Douglas.

— La plupart des Russes ne s'éloignent jamais de chez eux et n'ont donc pas de papiers. Mes gars de cuisine, quand je les envoie faire des achats de viandes et de légumes dans les villages, ne vont guère loin et tout le monde les connaît aux barrières, ils n'ont pas besoin de papiers. Ici, on contrôle les étrangers et les têtes inconnues. Malheureusement, c'est exactement le cas du chevalier de Valcroissant... J'ai bien une idée, mais peut-être va-t-elle vous choquer.

— C'est quelque chose qui nous arrive rarement, dit Mackenzie.

— Il faudrait convaincre M. de Valcroissant de s'habiller en femme pour effectuer le trajet du retour. Mais en femme un peu voyante, avec beaucoup de fanfreluches, très galante si vous voyez ce...

Douglas termina la phrase :

— En courtisane. Une personne agréable avec qui le lieutenant Émilius Timotéovitch a choisi de passer de manière plaisante sa soirée de Noël.

— C'est exactement cela. Il y a plusieurs maisons de cette sorte autour de Saint-Pétersbourg. Et, la nuit de Noël, aucune sentinelle n'ira jamais importuner un officier de la garde impériale alors qu'il se trouve en galante compagnie. Surtout si la dame est élégante.

— L'idée est bonne, dit Mackenzie. Qu'en penses-tu, *boy* ?

— C'est surprenant. Mais si Pierre pense que c'est la manœuvre la plus sûre pour passer les barrières, c'est lui qui connaît le mieux les habitudes de cette ville. Avez-vous une robe à nous prêter ?

— J'ai ce qu'il faut au magasin. Chapeau et perruque, également.

— Il nous faudra aussi un rasoir, compléta Charles-Geneviève, du savon à barbe, de la poudre claire pour le teint, un pot de rouge, du fard à paupières et un flacon d'un parfum un peu soutenu, de la rose ou du jasmin conviendraient bien.

— Vous avez raison..., observa du Ferment. Je n'y aurais pas songé.

— Si l'on tente une transformation, il faut la réaliser de manière très achevée.

Douglas observa :

— À Schlusselbourg, nous allons prendre en charge un homme. Habillé de vêtements sûrement grossiers. De toute évidence, un prisonnier libéré. Imaginons que Valcroissant parvienne à se travestir discrètement à l'intérieur du traîneau derrière les rideaux tirés. Est-ce que cela ne va pas surprendre nos conducteurs si à l'arrivée ils voient une dame à falbalas sortir de leur véhicule ? Et s'ils ont la dénonciation facile...

— C'est pourquoi, dit d'Éon, il faut réellement passer par l'une de ces maisons et échanger très ouvertement notre passager contre une passagère.

— Explique-toi plus clairement...

— C'est simple. Pierre, y a-t-il une de ces maisons dont vous parliez proche du trajet de retour ? Un endroit un peu raffiné où un aide de camp impérial pourrait décemment aller se divertir un soir de fête ?

— Je comprends votre idée, chevalier... Il y a ce qu'il vous faut à Saratovka, un village des faubourgs, le long de la Neva, à un quart de lieue au sud de votre route. La maison s'appelle *Le Jardin des Hespérides*, la propriétaire est française. Il n'entre là que des gens de la cour, des officiers de régiments réputés, et bien sûr des fortunes conséquentes.

— Au retour de Schlusselbourg, nous nous faisons conduire à Saratovka. Notre prisonnier, tout juste libéré de la forteresse, a le vif désir de s'amuser un peu, c'est compréhensible. S'il sort de Schlusselbourg, malgré sa défroque, il est vraisemblablement un grand seigneur, quelqu'un d'important, peut-être un parent de l'impératrice, donc il appartient à la clientèle habituelle de cet endroit, nos conducteurs comprendront très bien cela. Et même, notre expédition commencera enfin à ressembler à ce qu'ils attendent... Quant à moi, j'ai été de service la nuit de Noël, ma mission est terminée, j'ai aussi le droit de prendre un peu de bon temps et je repars avec une aimable compagnie.

— Valcroissant changerait donc de vêtements dans cette maison ? objecta Mackenzie. Il faudra demander une chambre, plusieurs personnes verront entrer un homme et sortir une femme, tout cela sans compter que tu peux tomber sur tes camarades de Préobrajenski ou quelque membre du gouvernement. Cela crée beaucoup de conditions hasardeuses.

— Valcroissant se change dans le traîneau, expliqua d'Éon. Pour descendre, il passe votre manteau sur sa robe et emprunte votre chapka. Il retrousse la robe en la passant dans ses bottes. Au *Jardin des Hespérides,* nous ne restons qu'un instant, nous entrons et nous sortons. Nous dirons que nous avons changé d'idée et que nous préférons aller nous amuser ailleurs. En ressortant..., cette maison a un jardin ? un parc ?...

— Un assez grand jardin avec des arbres, oui.

— Alors, en passant sous les arbres, Valcroissant ôte son manteau et prend mon bras. Nous remontons dans le traîneau et rentrons à Pétersbourg. Nos conducteurs n'auront rien vu.

— D'autant moins, ajouta du Ferment, que vous porterez des masques pour entrer et sortir.

— Des masques ?

— C'est une précaution que prennent le plus souvent les clients de ces endroits, justement pour éviter l'embarras d'être aperçu par des personnes de connaissance. Je dispose de masques de Venise au magasin.

— Alors, que décidez-vous, Mac ? demanda Charles-Geneviève.

Mackenzie médita quelques instants, pesant le pour et le contre de toutes les dispositions évoquées pendant cette conversation.

— Cela peut se tenter, résolut-il.

12

La nuit boréale

La troïka louée par du Ferment, éclairée par deux lanternes jaunes très peu lumineuses, filait au trot sur la route de Schlusselbourg. Les chevaux ne fendaient pas l'air comme les trotteurs de l'impératrice mais ils trottaient avec une bravoure régulière et patiente. Les grelots cousus aux harnais rythmaient l'allure. La nuit était claire. La neige sous la lune aux trois quarts pleine brillait d'un éclat mat. Les cochers, deux drôles à l'œil malin qui avaient manifestement l'habitude de conduire des officiers ou des gens riches dans ces expéditions nocturnes, semblaient connaître leur chemin. Depuis la sortie de la ville ils n'avaient que très rarement ralenti ou hésité sur la direction à suivre. Il était onze heures du soir et l'on avait déjà passé le relais situé à mi-route.

Douglas et d'Éon avaient entre eux, posée sur le sol, une cantine contenant la robe et les accessoires destinés à Valcroissant.

— C'est une chance inespérée cette douceur, observa Mackenzie. Il doit à peine y avoir dix ou douze degrés au-dessous de zéro. Nous pourrions aussi bien avoir moins trente... Cette expédition n'aurait pas été possible ; les chevaux peuvent crever si on les pousse par des froids pareils. Aucun cocher n'aurait accepté de nous conduire si loin... Au fait, comment franchit-on le lac ?

— Sur la glace. Nous l'avons fait aujourd'hui dans les deux sens. Vous pensez que ce redoux pourrait l'avoir fragilisée ?

— Non. Maintenant que tu m'y fais songer, j'imagine qu'elle doit avoir trois pieds d'épaisseur. Il faudrait une période de réchauffement plus longue... Ce gouverneur de l'île, comment es-tu avec lui ?

— Au mieux, il m'a appelé son cher ami. Toutefois, il sera sûrement surpris de me voir arriver en pleine nuit.

Deux heures plus tard, le traîneau ralentit et le conducteur, se penchant sur le côté, frappa la portière avec le manche de son fouet.

— On voit le lac, Votre Noblesse ! cria-t-il en russe.

D'Éon sortit sa montre, il était une heure et vingt minutes. Pour l'instant, tout se passait plutôt vite et bien. Il entrouvrit la portière et répondit, en russe également :

— C'est bon, n'entre pas en ville, nous allons à la forteresse.

— À la forteresse, Votre Noblesse ? répéta le cocher étonné.

Par précaution, avant le départ, on avait indiqué aux conducteurs la ville de Schlusselbourg comme but de la course.

— À la forteresse, répéta d'Éon, je porte un message de Sa Majesté pour le gouverneur.

Ainsi qu'il s'y attendait, la mention de l'impératrice fit impression sur le cocher.

— Alors, à la forteresse, Votre Noblesse...

Comme Van'ka le matin, il engagea le traîneau sur la surface gelée du lac. Le lac, sous la lumière de la lune, semblait plus immense que pendant la journée et offrait une étrange vision. La glace luisait d'un blanc d'allure spectrale, presque irréel. Dans le ciel, du côté du nord, une courbe de lumière dont on n'aurait su dire si elle était blanche ou verte s'enroulait comme une spirale autour d'un point situé au-dessus de l'horizon.

— Une aurore boréale... murmura Mackenzie, un phénomène lumineux, c'est fréquent sous des latitudes comme celle-ci.

La troïka glissait sur la glace dure avec la plus grande facilité. En quelques minutes, elle eut franchi le demi-mille qui séparait l'île de la terre.

— Arrête-toi près de l'embarcadère et sonne de la corne, ordonna d'Éon au cocher. Réveille un peu les sentinelles.

Le conducteur obéit, il arrêta les chevaux et souffla un long coup dans sa corne. Quelqu'un répondit depuis le haut du rempart. On cria quelque chose que d'Éon et Douglas ne comprirent pas, mais qui ne pouvait guère être autre chose que « qui va là ? » ou « identifiez-vous ».

— Quel est ton nom ? demanda d'Éon au cocher.

— Balaga, Votre Noblesse.

— Eh bien, Balaga, réponds : « Commandement de la tsarine ! »

Balaga obéit. Il plaça ses mains en porte-voix et

répéta le message de sa voix la plus forte : « *Zakaz czarina !* Ordre de l'impératrice !... » Ces mots résonnèrent dans le silence de la nuit et revinrent en écho jusqu'au traîneau. Il y eut un moment de silence. Sans doute, là-haut, courait-on prévenir l'officier de garde. Enfin, la réponse arriva : « *Priboud'tié !* Montez ! »

— Alors allons-y !... murmura d'Éon en se penchant pour ouvrir la portière. Et, maintenant, Dieu m'aide.

— Tu ne veux pas que je t'accompagne ? interrogea Mackenzie.

— Non. Il serait inutile et dangereux que le gouverneur vous voie. Je sais bien que si nous avions à nous expliquer devant l'impératrice, votre présence ici pourrait être justifiée : vous avez accompagné votre folle nièce dans son extravagante équipée... Mais cela laisse une trace de vous ici. N'oublions pas que pour les Anglais vous êtes *Chez Gaspard* en train de vous amuser... Le gouverneur ne me connaît qu'en homme et ne vous connaît pas, vous allez le surprendre et l'inquiéter. Moi, il a eu la journée pour s'habituer à ma personne, il m'a vu avec l'impératrice, il a vu qu'elle me faisait ouvertement confiance, cela devrait le rassurer.

— Tout cela est juste, petit. Vas-y et bonne chance !

Le chevalier d'Éon vérifia rapidement une dernière fois la perfection de son uniforme, les aiguillettes, la rectitude du bonnet de fourrure à plumet, le nœud de l'écharpe jaune soleil portée en sautoir, la parfaite horizontalité des éperons d'argent, tout semblait aller. Messager de la tsarine, il fallait que sa tenue fût parfaite, du moins c'est ce qu'ils attendaient tous ; un détail incertain les surprendrait. Il descendit du traîneau et se lança sur le sentier qui montait à la forteresse.

Le fort, dans l'étrange lumière que diffusait ce ciel aux couleurs déconcertantes, semblait une masse énorme et obscure, beaucoup plus redoutable et troublante que pendant la journée. Le cœur du chevalier battait vite ; sans doute était-ce l'effort de gravir ce chemin, la tension de l'esprit causée par ce qu'il s'apprêtait à faire mais soudain, aussi, l'appréhension.

En approchant de cet édifice sombre où presque personne n'entrait et d'où l'on sortait plus rarement encore, le danger qu'il allait courir apparaissait au chevalier dans toute son ampleur. Au pied de ces remparts, il se voyait lui-même tout petit. Tout petit comme la troïka qu'on devinait à peine là en bas sur la glace, et dont on distinguait tout juste les chétives lanternes. C'était avec cette fragile chose en bois, minuscule, cette espèce de joujou, qu'il était arrivé là ? Et qu'il comptait tromper cette énorme forteresse et toute la puissance du pouvoir impérial ?... Le papier qu'il avait dans sa poche était parfaitement authentique, mais comment l'avait-il obtenu ? Par la cajolerie, la tromperie et un mensonge majeur sur lui-même et son identité.

Entrer dans cette forteresse, n'était-ce pas entrer dans la gueule du loup ? Se dénoncer en même temps que Valcroissant ? Le gouverneur était peut-être au courant de tout... Peut-être l'attendait-il. Peut-être allait-on refermer la porte sur lui dès qu'il serait entré et ne jamais la rouvrir. Il avait dit un moment plus tôt qu'il était conscient de ce risque et qu'il l'acceptait, mais, maintenant, au pied de ces murs géants au milieu desquels Ivanouchka était enfermé pour toujours, il s'en sentait moins sûr. On plaisantait peu avec le secret à vie, dans ce pays... Et dire qu'il avait réussi à convaincre ces gens plus vieux que lui, avertis, expérimentés et versés dans le métier, de l'aider à risquer cette aventure...

Il était maintenant assez près pour distinguer la lourde porte en bois barré de fer de la poterne. Elle était fermée, bien sûr, et deux silhouettes postées quelques pas en avant le regardaient approcher. Qu'avait-il cru pendant la journée en voyant cette poterne rester généreusement ouverte à deux battants, comme une porte de ferme ou de maison de plaisance ? C'était de toute évidence un événement qui ne devait se produire qu'une fois dans l'année, le jour de la visite d'Élisabeth.

Pourtant, sans qu'il puisse lui-même se l'expliquer, malgré toutes ces catastrophes prévisibles – et même quasi inéluctables, lui semblait-il à présent – il n'eut pas la tentation de s'arrêter ou de repartir en arrière. À aucun moment il ne ralentit le pas en escaladant le sentier. Pendant un instant, il songea aux soldats de ligne marchant à la rencontre de l'ennemi ; dans les minutes suivantes, un ou deux sur trois allaient mourir ou perdre un membre pour des raisons qui ne les concernaient pas, c'était sûr comme une règle mathématique ; et pourtant aucun d'eux ne faisait ce qui aurait sans doute été la seule attitude raisonnable : faire demi-tour et s'enfuir de cet endroit de fous. « Je ferais un bon soldat de ligne », conclut d'Éon sans parvenir à déterminer s'il fallait se féliciter de cette découverte ou la déplorer.

Un officier de la garnison – dans la pénombre, d'Éon reconnut des bandes de lieutenant sur le col – l'attendait en haut du chemin, accompagné d'un soldat qui portait une lanterne. Il nota que l'attitude de l'officier se modifiait quand il put apercevoir qui venait à lui dans la nuit. En reconnaissant l'uniforme de Préobrajenski, l'officier se redressa et son allure générale prit un air de respect et d'empressement. Il était magique, cet uniforme.

D'Éon salua d'un court geste de la tête et répéta d'un ton bref ce qu'il avait fait crier à Balaga depuis l'embarcadère :

— *Zakaz czarina,* ordre de l'impératrice. Pour Son Excellence le gouverneur.

Sa prononciation encore très française n'était pas un problème, le lieutenant de garde la prit pour un accent allemand. Il y avait de nombreux officiers d'origine allemande dans l'armée impériale, cela datait du temps où Pierre le Grand pour constituer une armée russe moderne avait recruté un grand nombre d'officiers prussiens, connus pour être les meilleurs de l'Europe. Cet état des choses existait toujours. C'était même un sujet de mauvaise humeur parmi les militaires, les Russes de souche trouvant que les Prussiens étaient exagérément favorisés.

— Bien, Votre Noblesse, répondit l'officier de garde. Si Votre noblesse veut bien me montrer son ordre de mission.

Bien entendu, il fallait un ordre de mission... Un laissez-passer signé par un général, ou quelque chose de cette sorte. On n'ouvrait pas comme cela les portes de la forteresse qui renfermait Ivanouchka, le prisonnier le plus secret de l'empire, à un godelureau emplumé se présentant au milieu de la nuit. Mais cet ordre, d'Éon ne l'avait pas. Il sortit de sa poche sans la déplier la lettre signée par Élisabeth.

— Ordre de l'impératrice pour le gouverneur, urgent et confidentiel, répéta-t-il.

— Je comprends bien Votre Noblesse, mais pour faire entrer Votre Noblesse il me faut un laissez-passer écrit.

— Je ne l'ai pas. Sa Majesté était pressée.

Puis il se tut, l'air hautain et cassant. Une expression qui signifiait : « J'ai déjà trop discuté. » En fait, il ne tenait pas à s'engager plus avant dans cette conversation en russe, il craignait de commettre trop d'erreurs de langage et de faire naître des soupçons.

— On va prévenir le gouverneur, Votre Noblesse, décida l'officier ; Son Excellence donnera l'ordre de faire entrer Votre Noblesse ou viendra prendre ici connaissance des ordres de Sa Majesté. Que votre Noblesse me comprenne, je ne veux en aucun cas importuner Votre Noblesse mais le règlement de la forteresse n'accepte aucune entorse.

— Je comprends, répondit d'Éon. Faites.

Au fond, c'était plutôt bon signe qu'on le fasse attendre dehors. Cela voulait dire qu'il surprenait tout le monde. Personne ne l'attendait comme il l'avait redouté un moment plus tôt. Sans qu'il en ait vraiment conscience, ses craintes s'allégèrent d'une partie de leur poids.

Le gouverneur arriva dix minutes plus tard. Il s'était habillé à la hâte par-dessus ses vêtements de nuit. Plus de perruque, ni de poudre, ni de jabot en dentelle.

— Vous, ici, Votre Haute Noblesse ? s'exclama-t-il en reconnaissant le lieutenant Émilius Timotéovitch. Y aurait-il une fâcheuse nouvelle ?

Le gouverneur avait machinalement repris l'usage du français.

D'Éon allait ouvrir la bouche pour tenir des propos rassurants, mais il comprit d'un seul coup à quel point le gouverneur était inquiet. Ce réveil en pleine nuit déclenchait ses pires angoisses : de toute évidence, l'impératrice était repartie mécontente de sa visite, et les blâmes et les sanctions arrivaient ; et elle devait même être gravement insatisfaite pour avoir pris des mesures le jour même, sans seulement attendre la fin des fêtes de Noël !... Il vint soudain à l'esprit de Charles-Geneviève qu'il pouvait utiliser cette inquiétude pour parvenir à ses fins. Il fallait la laisser croître et la faire se prolonger autant que possible, même si cela ne durait que quelques secondes... Ainsi, quand le gouverneur découvrirait qu'il n'était question que de la libération d'un prisonnier au titre des grâces de Noël, il se sentirait si soulagé qu'il lâcherait Valcroissant sans faire de tracas. Il serait même charmé de s'en tirer à si bon compte.

— Sa Majesté m'a ordonné de vous remettre ceci, répondit d'Éon, le visage impassible.

Il remit l'ordre avec solennité ; décidément, tout

était beaucoup plus facile en français... Le gouverneur déplia vivement le message et, malgré la pénombre, reconnut le paraphe et le sceau impérial. C'était bien ce que l'aide de camp avait annoncé mais, des messages signés de la main-même de la tsarine, il en arrivait quand même assez rarement, et la garde d'Ivanouchka était une responsabilité effrayante... L'anxiété lui fit regarder cette signature comme le message inscrit par la terrible main de Dieu sur le mur du palais de Balthazar le Babylonien : *Tes jours sont comptés.*

Le soldat approcha avec complaisance la lanterne, mais le gouverneur l'arrêta du geste. On ne prenait pas connaissance d'un message de l'impératrice en présence de subalternes ni sur le pas d'une porte, à plus forte raison s'il annonçait votre destitution.

— Entrez, lieutenant, dit le gouverneur d'un ton neutre. Je regrette qu'on vous ait fait demeurer ainsi dans le froid, mais les commandements ici doivent être exactement appliqués.

— C'est à l'honneur de la forteresse et de son chef, Excellence. J'aurais regretté qu'on fît autrement.

On était de retour dans le salon en soie couleur prune, il y faisait beaucoup moins chaud que dans la matinée mais quelqu'un avait en hâte rechargé le poêle qui ronflait à grand bruit. Le gouverneur alluma un flambeau de cire et, le front préoccupé, approcha la lettre de la lumière. Il la parcourut plusieurs fois sans vraiment la comprendre, comme s'il y cherchait, en caractères cachés, la nouvelle qu'il redoutait. Il leva un regard étonné sur d'Éon. Celui-ci lui adressa soudain un bon et franc sourire :

— Sa Majesté m'a chargé de vous dire qu'elle est bien fâchée de vous déranger à pareille heure mais qu'elle désire que tous les pardons qu'elle accorde pour Noël prennent effet dès demain.

— Je... Je ne me permets bien sûr en rien de mettre en cause un ordre de Sa Majesté, mais... comment..., puis-je savoir ?... Pourquoi particulièrement ce prisonnier-là ?...

— Sa Majesté, au retour de sa visite, a désiré adresser un témoignage de sa satisfaction à la citadelle que vous administrez et à ceux qui y vivent. Il y aura des récompenses pour les soldats (d'Éon ne risquait pas grand-chose à les promettre : il avait plus ou moins entendu Élisabeth les annoncer elle-même), mais elle souhaitait que sa magnanimité bénéficie dès ce soir aux plus humbles. Dans sa grande bonté, elle a donc décidé d'ajouter un de vos détenus à la liste des grâces qu'elle a l'intention de prononcer pour Noël.

Le comte Nikita Fédorovitch commençait seulement à réellement saisir qu'il s'était fait un mauvais sang du diable pour rien et que ce message arrivé en pleine nuit ne contenait rien d'autre qu'un ordre administratif fort simple qui, en outre, témoignait de sentiments favorables de la tsarine à l'égard de son travail... Il respira avec ampleur et adressa un large sourire à Charles-Geneviève. En fait, ce jeune homme n'était pas un messager de malheur mais au contraire un très charmant garçon, gai et serviable, qui ne semblait même pas contrarié qu'on l'ait renvoyé, à peine rentré chez lui, dans cette île du bout du monde.

— On va aller éveiller le numéro vingt, Votre Haute Noblesse. Je vais même me permettre de vous abandonner quelques minutes, cher ami, afin de veiller à ce que les choses se fassent avec diligence... Mon épouse est en train de préparer du thé, une tasse vous ferait-elle plaisir ?

— Très plaisir, Excellence, merci beaucoup.

D'Éon allait ouvrir la bouche pour demander si la réserve concernant les crimes de sang ne s'appliquait pas, mais il s'arrêta à temps. Il y avait là au contraire une fameuse occasion de se taire. Puisque le gouverneur ne semblait pas voir d'objection à cette libération, ce n'était pas la peine de lui en fournir une qu'il aurait par mégarde oubliée... En fait, pensa-t-il un instant plus tard, il n'avait sûrement rien oublié du tout. Il ne devait simplement rien y avoir à reprocher à François de Valcroissant. Au demeurant, qui aurait-il pu tuer dans ce pays ? Il avait à peine eu le temps d'y entrer...

D'Éon demeura seul dans le salon prune. Il ne ressentait plus rien de l'appréhension qu'il avait éprouvée avant d'entrer. Il se sentait calme. Pas vraiment détendu, mais calme et les idées claires. Rien n'était gagné, ils étaient encore tous deux, lui et Valcroissant, enfermés à l'intérieur des murs... C'était curieux, pensa-t-il, sa peur à lui avait diminué pendant que celle du gouverneur montait irrésistiblement, comme s'ils avaient été des vases communicants.

Le chevalier entendit la porte du pavillon et des pas rapides, le gouverneur revenait.

— M. de Valcroissant sera là dans quelques minutes... Le temps de faire un peu de toilette... Eh bien, oui, la grâce impériale lève l'anonymat de règle ici, qui de fait ne s'applique plus pour lui.

Nikita Fédorovitch, encore sous l'effet de la divine surprise qu'il avait ressentie un moment plus tôt, allait et venait, bavard et virevoltant, et se frottait les mains avec satisfaction. Il s'absenta un instant et revint, toujours aussi léger, avec une théière fumante et emplit deux tasses.

— Je vous sers, cher ami... Je vais contresigner l'acte de grâce de M. de Valcroissant, ajouta-t-il en apportant une plume et l'une de ses porcelaines qui faisait office d'encrier. Voilà : *Le sieur Valcroissant, écroué sous le numéro vingt, a été libéré ce jour à...* – il tira sa montre – à une heure cinquante-cinq minutes..., disons : *à deux heures, par mes soins et sous ma responsabilité, comte Nikita Fédorovitch.* Il faudra que M. de Valcroissant aille faire enregistrer ce document à l'Hôtel de la Justice à Saint-Pétersbourg. Mais dites-moi, cher ami, voulez-vous satisfaire ma curiosité ? Est-ce vous qui avez suggéré à Sa Majesté de choisir précisément cette personne-là pour les grâces de Noël ?

— Disons, dit d'Éon, que j'ai eu une modeste participation.

— Auriez-vous eu par hasard l'intention de me prendre mon maître de chant pour votre régiment ?

— Je ne suis pas si malhonnête... Je serais sûrement très content de l'avoir mais encore faudrait-il qu'il en ait le désir et que mon colonel y consente. C'est plus simple que cela, Excellence... Sa Majesté, à son retour en ville, a manifesté le désir qu'on inscrive un détenu de Schlusselbourg sur sa liste.

Elle voulait procéder par tirage au sort. Elle m'a fait l'honneur de me demander mon avis. J'ai observé que le hasard fait parfois mal les choses et qu'elle courait le risque de libérer un coquin. Il était trop tard pour vous faire demander votre avis. J'ai alors songé à ce maître de chant que j'avais entendu en votre compagnie. Vous avez remarqué vous-même que, sans le connaître, il m'inspirait de la sympathie... J'ai raconté l'histoire à Sa Majesté. Vous savez qu'elle ressent toujours une profonde bienveillance pour les musiciens. Sa décision a été prise dans l'instant.

On frappa à la porte et l'on annonça quelque chose en russe.

— Faites entrer ! dit le gouverneur.

Un officier pénétra dans la pièce, suivi d'un homme en vêtements civils qui était très probablement François de Valcroissant. Et, là, d'Éon éprouva une profonde surprise, au point qu'il manqua pendant quelques instants perdre l'expression impassible qu'il s'efforçait de conserver depuis son arrivée à la forteresse. Douglas, la première fois qu'il lui avait parlé de Valcroissant avant d'entrer en Russie, avait utilisé ces mots, ou à peu près : « C'est une tête brûlée, un sacré bon petit gars... » Charles-Geneviève s'était alors machinalement représenté un poids léger, un criquet suractif, léger comme un écureuil, habile à se déplacer parmi les gens et à pénétrer là où il n'était pas convié... Il n'attendait pas Valcroissant à cette altitude-là : son confrère du Secret mesurait six pieds et avait la largeur d'un bûcheron. D'Éon comprenait soudain pourquoi il avait choisi ce déguisement lors de sa tentative d'entrée à Saint-Pétersbourg.

Apparemment, on lui avait demandé de se rendre présentable en toute hâte. Il était rasé de frais, les cheveux encore mouillés et jetés en arrière. Il était vêtu d'un costume qui se voulait sans doute à la française mais dont la coupe pouvait surprendre ; l'habit ne fermait pas, la culotte trop courte n'était pas de la même couleur que la veste, et il n'avait pas de bas mais des bandes enroulées autour des mollets comme les soldats russes. Et il ne semblait en rien troublé ni intimidé par la situation.

— Comte Nikita Fédorovitch, fit-il sitôt entré, je proteste ! Les exécutions capitales ont lieu à l'aube, pas au milieu de la nuit ! Et on a la correction de prévenir à l'avance, on laisse à la personne le temps de se mettre en ordre avec le bon Dieu !

— Pouvez-vous, par grâce, cesser un instant de faire votre mauvaise tête, Valcroissant ?

— Tiens, je ne suis plus *Nomer dvadsat,* le numéro vingt ? On m'a rendu la dignité d'avoir un nom humain ?

— Silence, Valcroissant ! Et écoutez ce qu'on a à vous dire. Vous allez bénéficier d'une chance inouïe : Sa Majesté vous a porté sur la liste des grâces qu'elle prononce pour Noël. Vous êtes libre.

— Je vous demande pardon ? Quel mot avez-vous dit ?

— Vous êtes libre, Valcroissant. Vous allez quitter la forteresse dès cette nuit. Vous pourrez remercier très humblement Sa Majesté, ainsi que ce jeune homme, le lieutenant Émilius Timotéovitch. C'est lui qui a proposé votre nom à l'impératrice et qui va vous reconduire à Saint-Pétersbourg. Vous pouvez vous exprimer en français, il le parle mieux que moi.

— C'est beaucoup dire, Excellence, observa d'Éon avec modestie.

Valcroissant regarda avec étonnement ce jeune lieutenant au brillant uniforme. Il ne le connaissait pas, ne l'avait jamais vu et ne pouvait en aucun cas se douter qu'il était français comme lui, et encore moins qu'il s'agissait d'un de ses confrères du Secret. Il ne parvenait à trouver aucune raison pour qu'un officier impérial se soit subitement intéressé à son cas. Qu'est-ce que tout cela signifiait ? On voulait l'interroger au palais ? Ou se débarrasser de lui dans un coin discret ? Mais alors pourquoi cette mise en scène ? Cette forteresse était l'endroit le plus isolé de la planète ; pour se défaire de lui, un trou dans la glace suffisait... On pouvait, par souci du travail bien fait, lui expédier au préalable une balle dans la nuque, et en deux minutes tout était dit, personne ne saurait jamais ce qu'il était devenu...

— Cessez de vous méfier de tout, Valcroissant ! dit le gouverneur. Si vous préférez rester ici, vous avez le droit de refuser votre grâce, la loi vous accorde cette possibilité, mais alors décidez-vous et regagnez votre cellule car ainsi, le lieutenant Émilius et moi, nous pourrons aller nous coucher.

— Non, non, Excellence, je vous prie de m'excuser, je reçois au contraire cette mesure de clémence avec la plus profonde reconnaissance. J'ai seulement été surpris par la soudaineté de cette nouvelle. Je vous remercie, lieutenant, ajouta-t-il en s'adressant à d'Éon.

D'Éon fit un bref signe de tête comme pour dire que c'était peu de chose. De la remarque du gouverneur, Valcroissant avait conclu qu'il avait tout intérêt à suivre ce jeune officier au regard froid. S'il s'agissait vraiment de sa grâce, c'était un miracle. Si c'était un leurre, il aurait l'avantage incommensurable de le faire sortir de cette forteresse, chance extraordinaire qui ne se reproduirait peut-être plus jamais. Les transferts offraient des chances d'évasion ; la détention à Schlusselbourg, aucune. Et enfin, si l'on était décidé à se débarrasser de lui, ici ou ailleurs, dans cette solitude arctique il n'avait de toute façon aucune chance.

— Bien, fit le gouverneur. Le lieutenant a avec lui votre acte de libération, vous irez le faire enregistrer par un magistrat à votre arrivée à Saint-Pétersbourg. Maintenant, prenez ceci pour le froid, c'est ce que nous avons de plus grand.

L'officier qui avait accompagné Valcroissant avait apporté une capote de soldat, d'un tissu composé de plusieurs épaisseurs de laine, des bottes de feutre et un bonnet de laine.

— Merci, Excellence, dit Valcroissant en revêtant le manteau et en le serrant à la taille avec un ceinturon. Et merci aussi pour certains avantages particuliers que j'ai dû à votre mansuétude et à une indiscutable ouverture d'esprit.

— Je suis heureux de vous l'entendre dire, Valcroissant. Ajoutez une patience d'ange et vous aurez tout dit... Et maintenant, allons sans perdre de temps, vous avez une longue route à faire et le lieutenant Émilius a sans doute le désir de regagner promptement la ville. Je vous raccompagne à l'embarcadère.

— Ne vous donnez pas cette peine, cher ami, dit d'Éon. Il fait froid et il est bien tard. Je connais le chemin.

Il fallait éviter que le gouverneur n'aperçoive Douglas.

— Laissez-moi au moins donner l'ordre qu'on vous éclaire jusqu'en bas. Ce sentier est traître.

Le chevalier de Douglas, demeuré seul sur l'étendue de glace, était en proie aux affres de l'inquiétude. Les deux cochers avaient nourri les chevaux et les avaient couverts d'épaisses couvertures, puis ils s'étaient emmitouflés eux-mêmes dans des couvertures semblables et tout ce monde s'était endormi, en gens et animaux raisonnables qui savent bien que la vie est faite de travail, la nuit théoriquement prévue pour dormir et tout moment de repos bon à prendre.

La lune était en train de tomber derrière l'horizon mais la lumière changeait peu, comme si la glace avait eu des qualités lumineuses propres. Douglas contemplait l'ombre massive de la forteresse et luttait contre le désir de regarder sans cesse sa montre. Avait-il eu raison de laisser le *boy* entrer là-dedans ?

Il éprouvait les mêmes craintes que d'Éon : le gamin allait-il se retrouver piégé dans cette nasse géante ? Quarante minutes s'étaient déjà écoulées... Combien de temps fallait-il pour mettre un détenu en liberté ? Les procédures étaient-elles compliquées ? Une heure ? Deux heures ? Trois... ? Davantage ?

Àpartir de quand faudrait-il envisager que l'affaire avait mal tourné ? Et que décider, alors ?

Des points lumineux apparurent en haut du chemin, devant la grande porte. Quelque chose se passait, là-haut. Était-ce d'Éon qui revenait ? Ou un peloton chargé de venir l'arrêter lui aussi ? Il regagna le traîneau et secoua les cochers.

— Nous allons repartir, préparez les chevaux.

Il sortit de sa poche une longue-vue de marine et la déplia. On descendait le long du sentier. Une lanterne marchait devant, et deux..., deux ou trois ombres suivaient, dans l'obscurité il ne parvenait pas à distinguer nettement. Ils allaient lentement et posaient les pieds avec précaution pour ne pas glisser. C'était rassurant. S'il s'était agi de venir coincer les complices, il y aurait eu au moins quinze soldats et ils seraient descendus beaucoup plus vite... Ils étaient à mi-pente maintenant. Ils passèrent devant une plaque de neige d'un blanc sans tache et pendant un instant leurs silhouettes se détachèrent avec netteté. Ils étaient trois. Un soldat en capote qui tenait la lanterne. Puis un bonnet de fourrure à plumet : c'était d'Éon. Et un profil de six pieds de haut sur l'identité de qui Douglas ne pouvait se tromper. *Godness ! Ring of fire !* ils avaient réussi !...

Quand d'Éon et Valcroissant parvinrent à la glace, la troïka était prête. Les couvertures étaient ôtées et le conducteur assis sur son siège. Douglas attendait à l'intérieur afin de n'être pas aperçu par le soldat à la lanterne, il faut toujours limiter le nombre de témoins susceptibles de vous reconnaître par la suite...

D'Éon sortit une pièce d'un kopeck et la donna au soldat qui se confondit en remerciements. D'Éon ne répondit rien et du reste ne le regarda même pas. Quand on est aide de camp de l'impératrice, on est méprisant avec les gens de peu, c'est la moindre des choses. Il fit signe à Valcroissant de monter.

Charles-Geneviève admira la maîtrise de Valcroissant au moment où celui-ci en prenant place dans le traîneau reconnut Douglas. Rien ne passa sur son visage. Et pourtant, ce devait être pour lui une fameuse surprise, et aussi un début d'explication : c'était donc à Douglas qu'il devait cette libération... Mackenzie avait réussi à le retrouver et monter cette récupération... Mais, qui était le jeune Russe ? Savait-il ce qu'il était en train de faire ? Était-il partie prenante de l'évasion ou manipulé ?... Douglas demeurait silencieux et impénétrable. Dans le doute, Valcroissant ne broncha pas. Il casa tant bien que mal sa haute et large personne dans l'habitacle et fixa son regard sur ses genoux, décidé à ne rien dire ni manifester qui puisse compromettre l'opération montée par son ami.

Le traîneau fit demi-tour et repartit vers la berge. À l'intérieur, les trois passagers gardaient le silence. Dans cette nuit claire, la masse noire de la forteresse dominait le paysage. Douglas et d'Éon ne se sentaient pas tirés d'affaire ; au contraire, même, leur tension intérieure était à nouveau au plus fort. Les secondes s'éternisaient. Nul doute que Nikita Fédorovitch devait à l'instant présent surveiller leur départ dans une lunette d'approche depuis le rempart ou du haut de l'escarpement, et qu'il les observerait jusqu'à ce qu'ils sortent définitivement de son champ de vision. Il ne devait distinguer que la faible lumière d'une lanterne en train de s'éloigner dans la nuit, mais d'Éon et Douglas avaient l'impression de sentir ce regard peser sur eux. On pouvait encore à la forteresse – à tout instant ! – s'aviser que cette affaire était par trop insolite et se lancer à leur poursuite.

Le traîneau atteignit la rive du lac, les chevaux repassèrent au pas, le cocher les encouragea à haute voix car le champ de neige sur lequel il fallait maintenant s'engager les inquiétait. C'était étonnant, songea d'Éon en entendant la voix calme de Balaga, comme pour ces gens, les conducteurs et leurs chevaux, cette expédition paraissait simple et naturelle ; un banc de neige constituait pour eux une affaire... Peut-être, après tout, cette visite au milieu de la nuit avait-elle semblé aussi peu étonnante au gouverneur et aux soldats de Schlusselbourg ?... C'était possible, enfin... Et il fallait l'espérer car c'était alors leur meilleure chance.

Charles-Geneviève se pencha à la fenêtre et tenta d'apercevoir le fort, mais il avait à présent disparu dans l'obscurité. Et il semblait bien qu'il n'y avait personne derrière eux sur l'étendue de glace...

On atteignit la grand-route. L'attelage reprit son trot patient dans la direction de Saint-Pétersbourg. La route était tranquille et déserte, le bruit des grelots, le son des sabots sur la neige dure, tout cela était paisible et ordinaire. La troïka traversa un bois de bouleaux, puis un autre de hauts sapins. Enfin, la route tourna et s'éloigna du lac. Douglas s'adossa à la banquette et respira avec lenteur. Pour la première fois, il posa franchement son regard sur Valcroissant, assis vis-à-vis de lui, et sourit.

— Bon retour parmi nous, vieux steak ! dit-il. Et ne nous fais plus jamais de peur pareille.

13

Le Jardin des Hespérides

Valcroissant leva le regard et sourit lui aussi, mais largement. Donc, il était permis de parler et le jeune homme était dans le secret.

— Mackenzie !... Comment aurais-je pu imaginer cela ?... Comment as-tu réussi ? Par quel prodige as-tu seulement pu découvrir où je me trouvais ?

— Je n'y suis pour rien, François. C'est notre ami, ici présent, qui t'a retrouvé et qui a entièrement monté cette affaire.

Valcroissant dévisagea pour la première fois Charles-Geneviève et en prenant son temps. Allait-on enfin lui expliquer qui était ce jeune officier russe, et pour quelle raison il se préoccupait ainsi de son cas ?

— Je te présente le chevalier Charles-Geneviève d'Éon, membre du Secret de Sa Majesté Louis le Quinzième, recruté par Sa Majesté en personne pour reprendre la mission que tu avais si lamentablement manquée.

Valcroissant lui tendit la main :

— Merci, chevalier. Ainsi, vous êtes français ?

Votre déguisement est parfait, je ne m'en serais pas douté une seconde. Et vous avez réussi à approcher la tsarine ?

— Oui. En partie grâce à vous car Bestouchev et les Anglais n'attendaient pas, vous ayant arrêté, que nous revenions à l'assaut si vite. Leur vigilance était moindre, Mac et moi sommes arrivés au bon moment... La lettre du roi a été remise, l'hiver a un peu ralenti la marche des événements mais une reprise des relations avec la France semble être en train de se mettre en place. Et ce que je porte n'est pas un déguisement, l'impératrice qui m'a trouvé sympathique m'a incorporé au régiment de Préobrajenski afin de me garder auprès d'elle. C'est ce qui m'a permis de faire ajouter votre nom aux ordres de libération qu'elle signe chaque année pour Noël.

Valcroissant haussa un sourcil et hocha lentement la tête.

— Rien que cela !... Compliments, chevalier... Parce que, en plus, l'ordre de libération, c'était un vrai ?

— Tout ce qu'il y a de vrai, répondit Douglas, signature et cachet de la tsarine authentiques. Tu es un gracié officiel et légal. Qu'est-ce que tu as cru ? Que nous avions monté une opération du genre tordu, avec faux uniformes et faux papiers ?

— Là-haut, je n'ai rien cru du tout, je me demandais plutôt pourquoi on se donnait la peine de me liquider la nuit de Noël alors qu'il y a trois cent soixante-quatre autres jours très commodes pour ces sortes de besognes, et que j'étais censé diriger demain le chœur à la messe... Mais quand je t'ai vu dans le traîneau, eh bien, oui, te connaissant un peu, j'ai pensé cela.

— Remarquez, observa d'Éon, ç'aurait été encore plus beau.

— Votre bonne opinion m'honore mais je ne sais pas si je l'aurais tenté, dit Douglas.

— Tu m'aurais laissé dans ce trou ? Qu'est-ce qui t'arrive, Mac ? Tu deviens vieux ?

— Sans doute... Apprends que ce que nous faisons ce soir, c'est sans ordre de Paris et au risque de faire exploser notre mission première, celle de l'alliance avec la Russie. Le Comte n'est au courant de rien. Il tomberait sans doute en apoplexie s'il apprenait ce que nous sommes en train de faire. Sans oublier qu'il doit déjà être dans les transes depuis que le gamin, celui-là ! s'est installé auprès de la tsarine en tant qu'amie intime, ce que personne ne lui avait demandé.

— À part la tsarine justement... fit observer d'Éon.

— Bon, c'est entendu, fit Valcroissant, on en dira le moins possible au Comte. Donc, soyons clairs : je suis officiellement gracié ou je suis un évadé ?

— Les deux. L'impératrice a signé ta grâce pour faire plaisir au petit, sans savoir précisément qui tu étais. La police et ces haddocks frits de *Brits* ne sont pas encore au courant, donc, à partir de maintenant, tu disparais. Entre le lac Ladoga et la ville, le chevalier de Valcroissant s'évapore. Et si tout va bien, tu embarques tout à l'heure ou demain pour la Suède avec le passeport du commis d'un marchand français de mode et frivolités, établi à Saint-Pétersbourg.

— Michel ?

— Lui-même.

— C'est lui que j'essayais de rejoindre quand j'ai été arrêté.

— Mac ! intervint d'Éon, vous connaissiez le chevalier de Valcroissant et son gabarit. C'est une particularité qui vous était sortie de l'esprit quand nous avons prévu son déguisement pour se présenter aux barrières ?

— Pas le moins du monde. Où est la difficulté ?

— Mais il mesure au moins six pieds !... Comment voulez-vous faire quelque chose de crédible ? Pour la discrétion...

— Nous ne cherchons pas à être discrets, nous cherchons à être insoupçonnables. Et pour la réussite du costume, nous faisons confiance à ton savoir-faire. Il y a de très belles femmes un peu grandes... Et ne crains rien : j'ai demandé à du Ferment ce qu'il avait de plus grand dans son magasin.

— Est-ce le moment de vous moquer de moi, Mac ?

— Je ne me moque pas. Je te vois à l'œuvre depuis près de dix mois. Je t'ai vu réaliser sur toi-même des métamorphoses incroyables. Je sais que tu peux y arriver. Certes, François est un peu grand, mais prends cela comme un défi supplémentaire.

— Justement, ce que je fais d'habitude, c'est sur moi-même, c'est très différent.

— Et pourquoi ? Au contraire, sur François, tu auras pour t'aider ton regard extérieur.

— Donc, nous ne changeons rien au plan ? demanda d'Éon.

— Rien.

— De quoi parlez-vous ? demanda Valcroissant.

— Pour entrer en ville, expliqua d'Éon, ils sont un peu pointilleux aux barrières. Notre programme prévoit que vous changiez de costume. Cela ne vous ennuie pas d'être pour un moment ma petite amie ?

— Mon petit, pour sortir de Schlusselbourg, je suis prêt à être votre chambrière, votre bonne à tout faire, votre petite amie ou pis encore, et j'en serai ravi. Après un an de forteresse, je crois que le mot « s'ennuyer » ou « être ennuyé » n'existera plus jamais pour moi. Dites-moi ce ce que je dois faire et je ferai de mon mieux.

— Alors, allons-y... dit d'Éon. Il faut retirer ces vêtements, et passer un jupon et la robe. Je profiterai de l'arrêt au relais et du moment où le traîneau ne bougera pas pour exécuter la partie précise de votre maquillage, les lèvres et les yeux.

— Qu'est-ce que ce costume ? interrogea Douglas comme Valcroissant ôtait son manteau et apparaissait dans sa redingote qui ne fermait pas et sa culotte trop courte. C'est la tenue des prisonniers de Schlusselbourg, ou ils t'ont trouvé cela en l'honneur de la grâce de l'impératrice ?

— C'est mon habit de maître de chorale. Nikita Fédorovitch a décidé qu'on ne pouvait confier la direction de soldats de Sa Majesté Impériale à un détenu en casaque de taulard. Pour lui, un maître de chant porte nécessairement un habit à la française. Le tailleur du fort m'a donc coupé cet habit. Il a fait ce qu'il a pu.

— Comment vous êtes-vous retrouvé à diriger

cette chorale ? demanda Charles-Geneviève qui sortait la robe de Valcroissant du coffre et tentait de l'étaler malgré l'espace restreint.

Bonne surprise, le tissu de la robe choisie par du Ferment était superbe et tape-à-l'œil, en soie brochée jaune d'or, exactement ce qu'il fallait, on verrait plus la robe que la personne. Mais le corsage était trop étroit, ce qui était à prévoir, on ne pourrait le fermer que sur un ou deux trous, il faudrait dissimuler le dos en gardant un manteau sur les épaules...

— Dites-moi, jeune génie, que vous a-t-on appris sur la survie en prison ?

— Rien, répondit d'Éon. Tenez, essayez de passer cela...

— Mac, ils sont devenus fous au Secret ? demanda Valcroissant pendant que Charles-Geneviève tentait de glisser le lacet dans les œillets du corps de robe. Ils envoient des enfants en première ligne sans leur enseigner les bases du métier ? Qui l'a formé ?

— C'était une opération inventée et montée par le Roi avec départ quasi immédiat. Et cela a marché. Monsieur, ou plutôt mademoiselle car il est arrivé ici habillé en fille, s'est présenté au palais quelques jours après son arrivée à Saint-Pétersbourg et a remis la lettre en main propre à l'impératrice avec le plus incroyable des culots. Et il n'était pas prévu dans son ordre de mission qu'il reste dans ce pays, ni qu'il fasse évader son prédécesseur. Et, oui, pour répondre à ta question, il m'a aussi parfois semblé depuis le début de cette mission qu'ils sont devenus fous.

— Mais, auprès de l'impératrice, récapitula Valcroissant, vous êtes censé être un garçon ou une fille ?

— Une fille, dit d'Éon. Mais la tsarine, particulièrement quand elle a affaire aux militaires, aime se vêtir en homme et que ses demoiselles de compagnie en fassent autant. Cela lui donne une stature plus virile et autoritaire. C'est ce qui me permet de disposer de cette tenue. Mais le gouverneur de Schlusselbourg, en revanche, croit complètement que je suis un homme.

— En quelque sorte, chevalier, vous faites de l'équilibre sur un fil au-dessus d'un précipice.

— Cela paraît compliqué, comme ça, mais finalement, ce n'est pas si difficile à organiser. Il faut seulement, comme dit Mac, toujours correspondre à ce que les gens attendent de vous... Passez les manches de la robe... Forcez... Bon, c'est définitivement trop étroit, arrêtez, vous allez tout déchirer. Mac, trouvez-moi une lame, quelque chose de fin et coupant bien, il faut faire sauter des points.

— Écoutez-moi, chevalier, je vais vous résumer en quelques mots ce qu'on aurait dû vous enseigner pour vous aider à demeurer vivant en prison. Si l'on considère les risques que vous prenez, cela pourra peut-être vous servir. Et dire qu'on prétend que, moi, j'en prends trop...

— Je vous écoute... Passez les bras, maintenant... Cette fois, c'est bon.

— Au bagne, trois dangers principaux menacent la vie : le travail, le manque de nourriture et les bandes de truands qui sont au bagne dans leur élément naturel. Pour le travail, il faut se rendre nécessaire aux chefs, faute de quoi tout le monde se moquera bien que vous creviez ou pas. Pour échapper au travail commun, vous trouverez un ingénieur minable ou ivrogne – car sinon pourquoi se retrouverait-il là ? – qui sera enchanté de découvrir que vous pouvez faire à sa place les relevés d'arpentage ou les opérations d'arithmétique. Et si vous lui êtes utile, votre ration s'en trouvera augmentée. Le mieux – le rêve ! – est de se faire embaucher aux cuisines mais, cela, tout le monde le sait et les places sont en général aux mains des truands.

— C'est bon pour la robe... Tournez-vous autant que possible..., on dirait que cela va à peu près. Asseyez-vous en étalant la jupe pour ne pas la froisser... Remettez votre manteau, on meurt de froid. Attachez vos cheveux très serrés, nous allons essayer la perruque... Et avec les truands, comment doit-on se comporter ?

— Ne pas exister pour eux. Ne jamais entrer dans leur jeu. Ne répondre à aucune de leurs provocations. Sur le chantier, dans le camp, ils ont leurs territoires, ne jamais y pénétrer.

— Et ne rien accepter d'eux, ajouta Douglas. C'est un piège qu'ils tendent aux nouveaux arrivants, cela les met en situation de dette, donc de dépendance.

— Vous connaissez cela, Mac ? demanda Charles-Geneviève. Est-ce par expérience ou par votre formation d'agent secret ?

— Après Culloden[1], les *Brits* ont ratissé tout ce qui était susceptible d'avoir porté les armes contre

1. Voir tome 1, La bataille de Culloden, en Écosse, en 1746, vit la défaite des Écossais du prince Bonnie Charles Stuart, face aux armées du roi George II d'Angleterre.

eux dans un rayon de plus de cent miles, c'est-à-dire tous les êtres de sexe masculin entre dix et quatre-vingts ans, et les ont enfermés dans des camps, soi-disant pour trier et juger les affaires au cas par cas.

— Dont vous ?

— Dont moi, ce qui aurait pu me valoir une corde car j'avais réellement porté les armes. C'est étonnant cette facilité qu'ont les gens pour parquer leurs frères humains dans des camps... Et immanquablement des bandes s'y forment et tyrannisent les autres.

— Vous y êtes resté longtemps ?

— Quelques semaines. J'ai eu de la chance, il y a eu de fortes pluies et des inondations, cela a permis à plusieurs d'entre nous de quitter le camp pendant une nuit dans l'eau jusqu'aux épaules, parfois à la nage. J'ai gagné la France. Par la suite, le Comte a suscité des témoins pour affirmer sous serment que je ne me trouvais pas en Angleterre au moment des événements de Culloden, ce qui m'a fait rayer de la liste des suspects de rébellion et m'a valu ce superbe passeport britannique qui nous a permis d'entrer ensemble dans ce beau pays, ma chère nièce.

Le traîneau ralentissait, on distinguait quelques maisons de village endormies et la lanterne d'une auberge.

— Le relais ! dit d'Éon. Fermez les rideaux de sorte qu'on ne puisse rien voir de l'extérieur. Posez la tête en arrière, chevalier, et ne bougez plus, je m'occupe du maquillage. C'est une chance que vous vous soyez rasé avant le départ, cela va nous gagner du temps...

Passez-moi la crème de teint et la poudre, Mac... Et le pot de rouge, le khôl noir et le fard à paupières...

Comme le traîneau repartait, Charles-Geneviève présenta au chevalier de Valcroissant un miroir de la taille de la main qui se trouvait dans le couvercle de la boîte de poudre.

— C'est terminé, chevalier. Si vous voulez voir... Ce miroir n'est pas grand, mais cela vous donnera une idée.

Valcroissant inclina le miroir devant son visage, le déplaça de droite à gauche, puis, avec étonnement, de gauche à droite.

— C'est incroyable... dit-il enfin. Je n'aurais jamais cru cela possible. Je ne me reconnais pas. Pour un peu, je me demanderais à moi-même si je suis libre ce soir... Qu'en penses-tu, Mac ?

— La même chose que toi. Tu fais un peu maîtresse femme, mais cela ne manque pas de charme. Eh bien, *kid*, tu vois que tu savais le faire !...

— Espérons que les sentinelles aux barrières penseront la même chose... Essayez le chapeau, un peu sur le côté... C'est bon. Quand nous arriverons au *Jardin des Hespérides*, je le cacherai sous mon manteau. Vous prendrez la pelisse de Mac et sa chapka ; il paraît que c'est un endroit bien fréquenté, votre manteau et votre bonnet de soldat feraient tache. Nous n'y passerons que quelques minutes, le visage dissimulé derrière ces masques. Il nous faudra trouver rapidement un endroit à l'abri des regards où vous pourrez enlever le manteau et changer de chapeau. Ainsi, j'entre avec un homme et je repars avec une dame en robe jaune éclatant, la piste du chevalier de Valcroissant s'arrête au *Jardin des Hespérides.* Si l'impératrice ou le chancelier Bestouchev posent des questions à Lia de Beaumont, c'est une position que je pourrai défendre : M. de Valcroissant a demandé à être conduit dans cet établissement, il était libre par ordre de Sa Majesté, je n'avais donc aucune raison de l'empêcher d'aller passer la nuit de Noël où bon lui semblait. Et après, je ne sais plus rien. Je l'ai quitté là, je suis rentrée chez moi... Et le témoignage de nos cochers confirmera.

— Tout cela se tient, dit Mackenzie, mais que dire de la dame en jaune qui est repartie avec toi ?

— Je viens d'y songer : c'est une amie à vous, mon bon oncle ! Elle n'est pas repartie avec moi, mais avec vous. Le soir de Noël, loin de votre patrie, vous vous sentiez un peu seul et nostalgique, vous avez ressenti le désir d'une présence compréhensive. Vous avez invité cette personne à venir terminer la soirée en votre compagnie *Chez Gaspard.*

— À merveille, fit Douglas, d'autant plus que cela s'accorde avec ce que j'ai raconté tout à l'heure aux Anglais. Pas d'objection, François ?

— Aucune. Quel sera mon nom dans le monde de la galanterie ?

— Lucette de la Vallière. Les courtisanes ici aiment bien se donner des noms d'amantes royales célèbres. Cela plaît beaucoup. Elles réussissent même souvent à faire croire qu'elles sont de la même famille.

— Où avez-vous appris cela, Mac ? demanda d'Éon.

— Mon petit, pendant que tu inities l'impératrice de toutes les Russies à la littérature romanesque, ma mission à moi est de me renseigner aussi complètement que possible sur l'état politique, économique et social de ce pays. Je me renseigne.

Charles-Geneviève sortit sa montre :

— Nous ne devrions plus être loin, maintenant... Il faut prévenir nos cochers que nous entendons faire un détour.

Il entrouvrit la porte du traîneau et appela :

— Balaga !... Hé, Balaga !...

Le cocher se retourna et se pencha vers son passager :

— Oui, Votre Noblesse ?...

— Arrête un instant.

Les chevaux passèrent au pas et s'arrêtèrent. D'Éon sauta à terre.

— Quand nous arriverons près de la ville, conduis-nous à Saratovka, au *Jardin des Hespérides*. Sa très Haute Noblesse, fit-il en désignant l'intérieur du véhicule, après la forteresse, a la volonté de se divertir un peu.

— Je comprends cela, Votre Noblesse, fit Balaga, l'œil soudain polisson ; c'est un très bon choix...

Charles-Geneviève remonta dans le traîneau qui reprit sa route.

— Ça leur paraît bizarre ? interrogea Douglas.

— Non. Au contraire. Notre promenade ressemble maintenant à ce qu'ils attendent de clients comme nous un soir de Noël... Mais, chevalier, vous n'avez pas répondu à ma question, comment vous êtes-vous retrouvé à la tête de cette chorale de soldats ?

— Ce que je vous ai expliqué concerne le bagne et les camps de travail, là où nous avons le plus de chances d'aboutir si nous nous faisons prendre...

À Schlusselbourg, la situation était différente, c'est une prison d'État. Les dangers sont autres : l'isolement, la solitude et l'absence complète d'information. Je n'ai jamais été jugé, je ne savais pas combien de temps ils avaient l'intention de me garder là. Le secret pèse sur toute la vie de la forteresse, on ne sait rien, on ne parle de rien, les détenus sont des numéros. Les seules questions qu'il est permis de poser aux gardiens concernent la soupe, l'eau, la taille du morceau de savon qui vous est attribué pour la semaine. Mais j'ai vite compris que les soldats aussi supportent mal cet éloignement ; certains crèvent d'ennui, tombent dans la mélancolie, d'autres désertent pendant leurs permissions à terre. J'ai d'abord chanté pour moi-même, pour m'occuper, pour faire travailler ma mémoire, ma voix, pour travailler quelque chose... À condition de ne pas faire trop de bruit, le règlement ne l'interdisait pas. Et j'ai découvert que les Russes adorent chanter. Les gardiens de mon aile, très vite, ont voulu apprendre mes chansons. Ils n'y comprenaient rien, mais ça les amusait, ils ne sont pas compliqués dans ce pays. Quand Nikita Fédorovitch s'en est aperçu, je pensais qu'il allait me donner l'ordre de fermer désormais ma gueule, mais il lui est venu à l'idée qu'une chorale pouvait distraire ses troufions et améliorer leur moral. Et voilà, cela a bien marché ; hier, j'avais un groupe de trente-six choristes et ils ne s'en sortaient pas si mal.

— C'était une chance que vous connaissiez le chant.

— Oui, surtout quand je me souviens à quel point je détestais cela quand j'étais enfant. Ce sont les bons pères de mon collège qui m'ont forcé à faire partie de la Schola Cantorum[1], ma voix était intéressante, disaient-ils. Aucun élève n'a dû prendre autant de coups de baguette sur le cul que moi pour avoir manqué exprès les répétitions... Les saints hommes ! Le Ciel les bénisse, ils m'ont sans doute épargné vingt ans de trou.

— Pourquoi choisissiez-vous ces chansons d'étudiants ?

— C'étaient celles que je connaissais le mieux. Et puis, elles sont faciles, entraînantes, elles leur plaisaient bien... En russe, j'avais juste réussi à déchiffrer un ou deux chants de Noël. Mais si vous ne m'aviez pas soustrait à ma fonction, j'aurais étendu notre répertoire.

— Hier, vers midi, je vous ai entendu. Vous avez chanté en marge de votre chœur : « Valcroissant vous emmerde... »

— Ça, c'était pour mon moral à moi. De temps en temps, il fallait que ça sorte, cela me faisait un bien fou.

Le traîneau ralentissait, les chevaux repassaient au pas. Le manche du fouet vint taper contre la portière. D'Éon entrouvrit.

— Nous arrivons, Votre Noblesse, annonça Balaga. Voilà Saratovka. La maison que vous cherchez est là-bas.

— C'est le moment, murmura Charles-Geneviève. Laissez-moi faire, voyez, j'enroule le bas de la robe autour de chacune de vos jambes et je l'enfonce dans

1. Chorale d'enfants.

vos bottes. Marchez avec précaution pour que tout cela tienne en place. Et prenez la pelisse de Mac et sa chapka.

Il ouvrit le rideau. Le *Jardin des Hespérides* était une grande datcha[1] à deux étages, entourée d'une véranda couverte, décorée de sculptures en bois et de frises en carreaux de faïence. La maison se trouvait en retrait de la route, au milieu d'un jardin. Tout autour des fenêtres, à chaque corniche et chaque encorbellement, des lanternes vénitiennes étaient allumées. D'autres lampions colorés plantés dans la neige balisaient une allée qui conduisait à la véranda.

— Mais, quel endroit charmant ! murmura Mackenzie. Je vais y amener Oswald : je vais lui offrir le plus éblouissant souvenir de sa vie.

— Pourquoi Oswald plutôt que moi ? questionna d'Éon.

— Allons donc, ma nièce !... Amener ma pupille dans un lieu de mauvaise vie ? De quoi aurions-nous l'air, et quelle sorte de tuteur serais-je ? Imagine que tu croises quelques-unes de tes connaissances du palais ou tes camarades de régiment ? Les explications vont commencer à relever réellement de la voltige.

— Savez-vous, Mac ? Par moments, j'en ai vraiment assez d'être demoiselle d'honneur.

— Oublie ça, *kid*. Ça pourrait t'amener à commettre des erreurs dans ton rôle. Tant que la tsarine n'a rien signé avec la France, ne t'autorise même pas à avoir ces sortes de pensées. Mais le jour où un acte d'alliance sera posé sur le bureau du roi à Versailles,

1. Maison de campagne russe, aux portes d'une grande ville.

tu pourras envoyer tous tes jupons à la rivière. Je t'y aiderai même si tu m'y autorises.

— Rendez-vous pris, Mac ! fit d'Éon en levant une main que Douglas vint frapper de la sienne. Et maintenant, allons chercher Lucette de la Vallière.

14

Lucette de la Vallière

D'Éon et Valcroissant placèrent les masques devant leurs visages ; ils étaient blancs, sans dessin ni décoration ; celui de d'Éon avait une expression renfrognée, l'autre une expression souriante. Charles-Geneviève descendit le premier et ôta un instant son masque.

— Attends-moi, dit-il à Balaga. J'accompagne Sa Très Haute Noblesse, mais je ne reste pas.

Puis les deux hommes masqués s'engagèrent dans l'allée jalonnée de lampions du pas tranquille de clients habitués de l'endroit. Il était six heures du matin passées et ce lieu qui vivait surtout la nuit semblait s'assoupir ; il n'y avait personne dans le jardin ni devant la porte.

— Tout va bien, murmura Charles-Geneviève, le bouquet de bouleaux cache la porte ; si nous ne voyons personne, nous passons sans frapper et nous tournons l'angle de la maison.

Derrière le coin, il y avait un appentis où l'on gardait les bûches.

— Excellent, dit très bas Valcroissant en s'y glissant.

Un reste de la lumière des lampions du jardin pénétrait jusque-là. Il se baissa et déroula la robe jaune d'or qui se déploya autour de lui.

— Le manteau maintenant, souffla d'Éon, posé sur les épaules, comme une cape de femme... Le masque... Peste borgne, on ne voit rien dans cette masure !...

Il ramassa sur le sol un copeau de bois, fit battre son briquet à silex et l'enflamma. Une courte flamme les éclaira. Charles-Geneviève, promenant le copeau à bout de bras, examina son compagnon.

— Tout est bon..., fit-il en éteignant le fragment de bois sous son pied. Donnez-moi le bras et ayez l'air un peu tendre, juste ce qu'il faut.

— Quelqu'un ! murmura brusquement Valcroissant.

Une lumière jaune et dansante approchait, accompagnée du bruit de pas sur les planches de la véranda.

— Par ici, dit encore Valcroissant. Ne respirez pas.

Il tira d'Éon à lui et tous deux reculèrent jusqu'au fond du bûcher. Une femme à fichu de paysanne pénétra sous l'appentis et posa sa lanterne sur le sol. Elle portait au bras un panier qu'elle se mit en devoir de remplir de bûchettes.

« Foutredieu ! Va-t-elle se presser ? » pensait d'Éon. Le rond de lumière que la lanterne dessinait sur le sol n'arrivait pas jusqu'à eux, mais ils étaient fatigants dans ce pays à toujours faire les choses comme s'ils avaient l'éternité pour cela... Enfin, le panier fut rempli, la femme ramassa sa lanterne et s'éloigna. On entendit une porte s'ouvrir et se refermer. Par prudence, ils attendirent encore une minute sans bouger. Tout était à nouveau silencieux.

— Je crois que nous pouvons y aller... dit Valcroissant.

Ils reparcoururent l'allée en sens inverse, sans précipitation, affectant l'air tranquille et posé, la fastueuse dame masquée au bras du lieutenant de Préobrajenski. Balaga sauta à terre pour tenir la portière à sa nouvelle passagère.

— Mademoiselle rentre avec nous, dit d'Éon. Ramène-nous *Chez Gaspard*, la porte de derrière, dans la traverse.

Balaga fit un signe de tête et referma avec respect. Les retours au petit matin par les portes de derrière, il connaissait.

— Tour de passe-passe accompli, murmura d'Éon quand le traîneau reprit sa route vers Saint-Pétersbourg. Maintenant, il reste les barrières.

— Vous n'avez rencontré personne ? demanda Douglas.

— Personne ne nous a vus, dit Valcroissant, apparemment, la nuit de travail était en train de finir... C'est une chance que cette femme ne nous ait pas aperçus, chevalier ; pour justifier notre présence dans cette cahute, j'aurais été obligé de vous embrasser.

— Tant que vous ne vous sentiez pas ensuite dans l'obligation de me tuer...

Le traîneau ralentit en approchant du poste de garde. Les trois membres du Secret avaient plus ou moins compté qu'au petit matin, après une nuit de fête, les soldats du corps de garde seraient trop épuisés et imbibés d'alcool pour vérifier les entrées et les sorties. Ils espéraient un passage sans surveillance qui achèverait de faire disparaître la trace de Valcroissant. Mais, de toute évidence, ce n'était pas le cas. Balaga était en train de s'arrêter, il faudrait affronter le contrôle.

Autre mauvaise nouvelle, la relève avait déjà eu lieu. Le jeune sergent qui ouvrit la portière, une puissante lanterne à la main, ne semblait en rien fatigué. Son regard fit le tour des passagers et s'arrêta sur le lieutenant de Préobrajenski. Il inclina respectueusement la tête :

— *Otnochinié, vaché blogarodstva !* Mes respects, Votre Noblesse.

— *Spassibo*, répondit d'Éon avec un léger signe en retour.

À l'instant même, il réalisa son erreur. « Toujours correspondre à ce que les gens attendent de vous », il avait lui-même dit cela deux heures plus tôt ! Quand on est aide de camp de l'impératrice, on est glacial et méprisant avec le tout-venant. Il avait parfaitement réussi cette attitude avec l'officier de garde devant la poterne de Schlusselbourg... Depuis quand un officier de Préobrajenski remerciait-il une nullité chargée de la surveillance urbaine – la fonction la plus minable dévolue au corps militaire ! – de lui faire perdre son temps et d'avoir en outre l'insolence de regarder sa petite amie sous le nez ?... Et en effet le sergent, sans trop comprendre pourquoi, ressentait quelque chose d'anormal dans la situation et hésitait entre refermer la portière et laisser passer, ou demander les papiers du domestique et de la dame... De son côté aussi, d'Éon hésitait. Là, tout de suite, il fallait qu'il se fâche et envoie quelques insultes bien senties : « Tu te presses, âne bâté ? », mais il fallait le faire à l'instant même et d'Éon n'était pas sûr de lui. Il ne s'était pas entraîné à insulter en russe avec une méchanceté qui fasse peur. Avec Iline, ça n'était jamais sérieux. Le personnage de Lia ne s'y prêtait pas. Il ne serait pas convaincant, il le savait... La situation demeurait figée et le malaise ne faisait que croître. Encore un instant et le sergent allait demander de l'aide aux siens... Ce fut Valcroissant qui réagit.

Il releva le voile qui lui couvrait en partie le visage et le remplaça par le masque renfrogné, ce qui eut pour effet d'intriguer le garde et d'attirer son attention sur la dame. Puis elle ôta le masque et le posa sur ses genoux.

— Que se passe-t-il, sergent ? demanda la dame en jaune d'une voix musicale, un peu basse (et pour cause !), qui semblait étudiée pour charmer. Pourquoi restez-vous comme cela, silencieux comme un moine érémitique, à me regarder ; vous ferais-je peur ?

Valcroissant, en une année à Schlusselbourg, avait appris le russe et son accent français était un atout supplémentaire. Il était censé être une courtisane française, c'est-à-dire les plus recherchées et les plus raffinées des dames galantes de Saint-Pétersbourg. Un sergent affecté à la surveillance des barrières n'avait en principe aucune chance d'être remarqué par une personne de cette sorte, leur société étant réservée aux messieurs nobles et fortunés.

— Ou alors, continua la dame de la même voix basse et envoûtante, serait-ce que vous me trouvez belle ?

— Certainement, madame, répondit le sergent d'un ton qui se voulait ferme et qui y parvenait assez bien.

— Comme il a rougi ! remarqua-t-elle. Voyez l'ourlet des oreilles couleur cramoisi !... Est-il charmant avec sa jeunesse, ses yeux bleus et son grand sabre !... Voudrez-vous me rendre visite ? Vous me ferez plaisir... Je demeure aux *Jardins des Hespérides*, à Saratovka... Vous connaissez ?

— Certainement, madame, répéta le jeune garde. Ce sera pour moi un honneur.

— Et homme du monde, avec cela !... Vous demanderez Lucette, Lucette de la Vallière, vous vous souviendrez ?...

— Dites simplement Lulu, intervint Douglas, ses amis l'appellent ainsi.

— Et maintenant, murmura-t-elle comme on confie un secret, puis-je vous demander une grâce ? Fermez cette portière, j'ai froid.

Le sergent recula d'un pas et referma en saluant. Il fit un geste du bras et l'on ouvrit la barrière. Balaga claqua de la langue, le traîneau contenant les trois agents du Secret entra dans la ville.

Le chevalier d'Éon avait éprouvé pendant trois ou quatre minutes l'angoisse mortelle de faire manquer à la fois l'évasion de Valcroissant et le traité d'alliance, tout cela à cause d'une incertitude et d'un manque d'à-propos face à un sergent des barrières. Il ferma les yeux, appuya la tête à la banquette et attendit que son cœur qui sautait dans sa poitrine comme une balle folle se calme.

— Chevalier, dit-il enfin, il faudra que vous m'appreniez comment vous faites ça. Ce que vous venez d'exécuter avec cette sentinelle, jamais je n'aurais su l'inventer.

— C'est parce que vous êtes trop bien élevée, vous êtes une demoiselle d'honneur qui vit dans les palais, vous n'avez pas fréquenté les maisons comme celle dont nous avons exploré ensemble la remise à bois.

À votre retour, je vous prévoirai une formation annexe. Et pendant que nous en avons encore le temps, ajouta Valcroissant en lui tendant la main, merci ! Je sais ce que je vous dois. Et prenez garde à vous, tout de même.

Charles-Geneviève serra la main qu'on lui tendait.

— Je serai prudent ; tant que je resterai en Russie, je ne ferai désormais plus rien qui s'écarte de mes occupations de demoiselle de compagnie.

— Je retiens cette promesse, dit Douglas.

— Mac, se souvint soudain d'Éon, pourquoi êtes-vous intervenu tout à l'heure, face à ce garde ? Quand vous avez parlé de Lulu ?

— Pour essayer de détendre l'atmosphère. Pour qu'il n'ait pas l'impression que les deux éléments mâles contenus dans ce traîneau étaient tétanisés pour une raison qu'il ne comprenait pas, mais qui fatalement était suspecte. Ils aiment les diminutifs, Lulu, cela faisait un peu complice, c'était rassurant... Et puis aussi par esprit d'équipe. Je me sens très à l'aise dans les désastres, alors, désastre pour désastre, si nous devions nous retrouver tous trois à la même chaîne en Sibérie, et ainsi mettre en pratique nos théories sur l'organisation de nos propres survies au bagne, autant participer. Je me demandais même comment du Ferment raconterait cela au Comte, lors de son prochain voyage à Paris.

Le traîneau longeait le canal de la Moïka, les lumières étaient encore allumées *Chez Gaspard*.

— Ici non plus, la nuit n'est pas finie, murmura Douglas. Tant mieux, notre arrivée ne surprendra personne.

Comme convenu, Balaga fit le tour de la maison et vint s'arrêter dans la traverse. La porte des cuisines s'ouvrit. Du Ferment depuis un moment guettait leur retour.

— Entrez par ici, je n'ai plus personne en cuisine.

En un instant, d'Éon et Valcroissant eurent disparu de la rue. Douglas s'attarda pour payer les cochers. On leur avait versé la moitié de la somme avant le départ. Mac versa le solde et ajouta dix roubles pour le détour à Saratovka et pour qu'ils repartent contents de leur nuit. Il attendit dans l'embrasure de la porte, s'assurant qu'ils s'en allaient bien, et une bonne minute encore après qu'ils eurent tourné le coin de la rue. Du Ferment l'attendait, il le conduisit dans le bureau où d'Éon et Valcroissant se trouvaient déjà.

— Et maintenant ? demanda Douglas.

— M. de Valcroissant et moi partons dans une heure, dit du Ferment. Le temps de vous changer, chevalier... Vous serez Paul Ivanitch, mon commis de confiance. J'ai des papiers pour vous. Ce passeport est rédigé pour vous conduire jusqu'à Rouen. Le brise-glace n'est pas passé, mais il y a un bateau cet après-midi à Sosnovi qui met à la voile pour la Suède. En partant dès ce matin, nous pouvons y embarquer. Ce programme vous convient-il ?

— À merveille, monsieur.

— Maintenant, si vous le permettez, je vais vous

laisser un moment. Avant de m'absenter j'ai mille affaires à régler, et je dois aussi veiller à la fin du service, j'ai encore quelques clients dans la salle... Vous avez là, à côté, des habits d'homme. S'il manquait quelque chose, je repasse dans dix minutes.

— Pierre, demanda Douglas, avez-vous encore des Anglais dans la salle ? Les employés de l'ambassade, ceux qui s'assoient d'habitude à la grande table à droite près des fenêtres.

— Certains sont partis, mais il m'en reste trois ou quatre, à moitié endormis, trop saouls pour se lever de table.

— Que comptez-vous en faire ?

— Les laisser dormir là s'il n'y a rien d'autre à faire, ou les mettre dehors avec mes meilleurs souhaits de Noël s'ils me semblent assez valides pour rentrer chez eux. C'est justement l'une des affaires dont je dois aller m'occuper.

— Je m'en charge, Pierre, laissez-les-moi. Dans un quart d'heure, j'irai leur offrir un dernier verre, puis je demanderai un traîneau et j'irai les restituer à Sir Williams. Il doit bien y en avoir un ou deux dans le lot qui sont chargés de me surveiller, ils seront ravis de découvrir qu'ils n'ont même pas failli à leur mission. Ont-ils beaucoup bu ?

— Dame ! ce sont des Anglais... Noël loin de chez eux les rend un peu tristes, et ils apprécient beaucoup mon punch.

— Voilà qui est parfait. Avec un peu de persuasion, je parviendrai même à les convaincre que nous ne nous sommes pas quittés de la nuit.

D'Éon sortit de son manteau l'ordre de grâce signé par Élisabeth, contresigné par Nikita Fédorovitch, et le remit à Valcroissant :

— Tenez, chevalier, prenez ceci. Cachez-le bien, mais gardez-le avec vous. On ne sait jamais, si avant d'avoir quitté la Russie on vous contrôlait d'un peu près, c'est votre acte de libération parfaitement officiel et légal.

— Merci. Merci encore pour tout. Et vous, prenez garde à vous. Vraiment.

— Soyez tranquille. Après notre expédition de cette nuit – Charles-Geneviève pensait aussi à son expédition de la journée dont il n'avait parlé à personne – nous ne pouvons plus, Mac ni moi, nous permettre quoi que ce soit qui sorte de nos rôles. Pour Mac, les crustacés fossiles et les strates géologiques, et pour moi, les lectures en français et les macarons. Voilà qui vous garantit que nous serons prudents.

— Que veux-tu faire, maintenant, petit ? demanda Mackenzie.

— Rentrer au palais et redevenir Mlle de Beaumont.

— Je vais te reconduire.

— Est-ce nécessaire, Mac ? Vous devez vous occuper de vos Anglais, je suis en tenue d'homme et il n'y a pas cinq minutes à pied d'ici au palais.

— Très nécessaire. Tu viens de dire que tu veux désormais être une demoiselle irréprochable, et une demoiselle irréprochable ne se promène pas dans la rue sans chaperon, surtout pour regagner sa chambre au petit matin après une nuit Dieu sait où. Tu portes ta tenue d'homme, mais tout le monde sait que l'impératrice t'y autorise et l'on pourrait te reconnaître. Alors, c'est tout simple, je t'accompagne jusqu'aux grilles du palais et je reviens prendre en charge mes rosbifs cuits. Dans leur état, un quart d'heure ne fera aucune différence.

— Vous avez raison, Mac, c'est tout simple.

D'Éon se tourna vers Valcroissant :

— Adieu, chevalier, et bonne chance !

— Merci. Et la chance, c'est surtout à vous, je crois, qu'il faut la souhaiter.

— Si, tout à l'heure ou demain, j'ai des nouvelles de Val et du Ferment, je t'enverrai un mot au palais, dit Douglas.

Ils remontaient la Perspective Nevski, piétinant la neige gelée, les mains enfouies dans les poches jusqu'aux coudes et la tête rentrée dans les épaules pour se soustraire à la bise glacée du petit jour. Il faisait nuit, l'avenue était déserte, il ne restait plus rien de l'animation qui régnait la veille au soir.

— Je les désignerai sous le terme de *trilobites*, est-ce entendu ?

— C'est compris, Mac.

D'Éon retrouva son appartement avec une impression de soulagement. Il ne prétendait pas que c'était logique, mais il lui semblait que dans cet appartement de jeune fille les choses étaient plus normales qu'ailleurs. Ou peut-être était-ce seulement la sensation que dans cet espace limité, il les contrôlait mieux.

Il traversa sans bruit l'antichambre dans laquelle Iline avait son lit. Il y faisait bon et tiède, le garçon dormait profondément. Charles-Geneviève passa dans sa chambre, referma silencieusement la porte et la bloqua en coinçant un fauteuil sous la poignée. Il se sentait anxieux et troublé. Si Iline se réveillait, il accourrait pour savoir si Lia Timotevna avait besoin de quelque chose. Non ! Lia Timotevna n'avait besoin de rien.

Il s'assit sur le lit. Il n'avait pas dormi depuis vingt-quatre heures. Il se sentait fatigué mais n'avait pas sommeil. Il savait bien ce qui n'allait pas, il songeait au sergent des barrières. Il s'était laissé désemparer, il était resté muet, incapable de réaction, l'imagination paralysée par la peur... Et cela face à un modeste sous-officier qui n'avait même pas spécialement cherché à le piéger ou l'intimider. Alors que dans la même journée, il avait su influencer l'impératrice. Et qu'à peine quelques heures plus tôt, il avait manipulé jusqu'à la moelle des os le gouverneur de Schlusselbourg, cet homme subtil, lui-même expert dans l'art de contrôler les autres...

Valcroissant, dont la présence d'esprit au même moment n'était en rien inhibée, avait sauvé la situation, mais il fallait tirer l'enseignement de cet accident. Ce qui était arrivé à cette barrière signifiait qu'il n'était jamais à l'abri de tels accès de paralysie. Cela pouvait lui arriver face à l'impératrice, face à Bestouchev... Des circonstances inattendues pouvaient lui faire perdre en un instant toutes ses défenses, voilà qui n'était pas rassurant... Mais, d'un autre côté, il était bon d'en avoir conscience. Il se surveillerait de plus près encore et porterait une attention extrême à tout ce qu'il ferait. Rien ne devrait plus désormais pouvoir attirer sur lui surprise ou soupçon.

Dans la matinée, à onze heures, fallait-il assister à la grand-messe de la Nativité où se trouverait Élisabeth ?

Non.

À cette heure, l'impératrice penserait que Lia était en route pour Schlusselbourg – s'il lui arrivait de penser à Lia – et elle ne s'attendrait donc pas à la voir. Si elle l'apercevait à la cathédrale, elle se poserait des questions et en poserait. Il faudrait alors expliquer pourquoi Lia avait avancé son voyage à la forteresse... Inutile et dangereux. Lia ne reparaîtrait qu'à cinq heures, pour le dîner au palais Narichkine.

Ayant établi un programme qui lui paraissait cohérent, Charles-Geneviève se sentit moins tendu. Il se préoccupa enfin d'ôter son manteau et ses bottes, et de poser son bonnet à plumet sur une chaise. Les cendres de la cheminée contenaient encore des braises rouges, il y empila les bûches laissées en réserve dans le panier en cuivre ; il y eut des craquements, des crépitements, et une flamme haute et claire, amicale et rassurante, s'éleva soudain.

La table de Noël dressée par Iline était toujours là, avec ses personnages en bois peint. Iline y avait ajouté un plat protégé par une cloche afin que Lia puisse souper à son retour. Charles-Geneviève souleva le couvercle, il contenait une volaille découpée et des pommes rôties, le plat traditionnel de Noël, mais tout cela était maintenant froid et peu appétissant. Pour une fois, d'Éon n'avait guère faim, mais il savait qu'il se reposerait mieux s'il mangeait quelque chose avant de dormir. Il n'avait que quelques heures de sommeil devant lui et il lui fallait recouvrer au mieux ses forces et son contrôle de soi avant d'aller affronter Élisabeth et sa cour. Pourtant, il repéra quelque chose qui lui plaisait, une boule de pain enveloppée dans une serviette. Une miche de pain russe bien dense, blanche, molle et farinée. La serviette l'avait conservée moelleuse. C'était exactement ce qu'il lui fallait. Il en arracha une large bouchée et, la miche à la main, continua l'exploration de son propre appartement. Dans la salle de bains, Iline avait préparé un broc d'eau chaude et l'avait emmailloté d'une couverture de laine pour qu'elle ne refroidisse pas, elle était demeurée tiède, brave Iline !...

Même s'il n'en avait aucune envie, il lui fallait encore accomplir l'effort de se raser. Si quelqu'un entrait dans sa chambre, il fallait qu'il fût irréprochable. L'impératrice avait bien débarqué le matin même sans crier gare.

Il glissa une feuille de papier sous la porte, sur laquelle il avait dessiné un cadran de pendule indiquant deux heures. Iline saurait que sa maîtresse voulait être éveillée à deux heures après midi, mais pas une minute avant. Il enfila sa chemise de nuit, couvrante comme une robe de moine, noua les lacets de son bonnet de nuit, changea les amorces de ses pistolets qu'il posa sur la table de chevet, la crosse vers lui et le canon vers la porte, glissa son épée sous ses draps et souffla la bougie.

15

Le jardin d'hiver

Le ponctuel Iline frappa à deux heures sonnantes, d'abord légèrement pour sortir sa maîtresse du sommeil avec douceur, puis plus fort pour confirmer qu'il était bien l'heure.

— Prépare mon bain et dis aux filles d'arranger ma robe rose, ordonna Lia depuis son lit, tandis qu'Iline lui apportait sa première tasse de thé de la journée.

La robe rose mordoré était la plus somptueuse de sa garde-robe. Ornée du haut en bas de rubans noués, d'un rose nacré, fragile, presque transparent ; elle avait demandé à Amélie des journées entières de travail consacrées en allers et retours entre la rue de la Vieille Estrapade et l'atelier du couturier afin que tous les arrangements fussent achevés à la perfection. Charles-Geneviève ne l'avait encore portée qu'une fois, pour une soirée de musique organisée par Élisabeth. Il fallait compter au moins une heure et demie pour l'ajuster convenablement, mais il avait prévu le temps nécessaire pour cela ; et ses femmes de chambre étaient là avec leurs doigts de fée.

Il devinait qu'il fallait qu'il porte ce soir ce qu'il possédait de plus parfait. D'abord par égard pour Yuliia, sa meilleure amie, qui s'était donné tant de peine pour organiser cette soirée. Pour plaire à Élisabeth, aussi, qui l'avait traitée avec amitié et confiance, et lui avait offert la liberté d'un homme sur une simple demande. Enfin, parce qu'il avait bien compris le soir précédent que tout le monde considérait que la faveur de la jeune Française auprès de l'impératrice avait atteint un zénith. Tous ces gens attendraient d'elle qu'elle ait le tact de s'habiller en conséquence, c'est-à-dire non plus en lectrice étrangère, une Cendrillon aux yeux baissés circulant un livre à la main, mais en favorite déclarée.

Toujours se comporter comme on l'attend de vous... Justement ce qu'il n'avait pas su faire, ce matin, aux barrières...

Assis sur un tabouret face au miroir, Charles-Geneviève se coiffa et composa son maquillage avec une attention et un temps qu'il n'avait encore jamais accordés à ces soins. Il lui vint même l'idée d'une nouvelle invention, un mélange d'ombres rose et brun clair sur les paupières... C'était exactement cela ! la nuance même de la robe... À cinq heures, il était prêt. Il s'examina encore dans la psyché, tourna plusieurs fois sur lui-même, vérifia le tombé de la robe, esquissa une révérence, tenta trois pas de menuet... Chaque ruban avait été dénoué, repassé, et renoué par les doigts artistes des jeunes Russes. Il sourit à ses chambrières qui, en cercle autour de lui, l'admiraient et riaient de plaisir devant le résultat de ce beau travail mené en commun.

— C'est très bien, mes enfants, *balchoïé spassibo...* Iline, tu as demandé pour moi un traîneau ?

— Il être en bas Lia Timotevna, répondit Iline, lui aussi radieux et resplendissant dans une tunique neuve en satin de soie brillant, serrée à la taille. Et on apporté lettre tout de suite pour Lia Timotevna...

C'était l'écriture de Mackenzie : « *Ma chère nièce, j'espère que vous avez passé une plaisante journée de Noël. En ce qui me concerne, j'ai consacré ce jour à classer mes échantillons de trilobites fossiles. Je suis fort étonné car je ne parviens pas à retrouver une paire de mes plus rares sujets. À croire qu'ils se sont envolés. J'ai donc pris la décision d'adopter un nouveau système de classement plus rigoureux, en procédant par date et non par spécificité morphologique, je ne sais pas ce que vous en penserez. En attendant, je vous souhaite une agréable soirée, ma chère enfant.* »

Les trilobites se sont envolés... Valcroissant et du Ferment avaient quitté Saint-Pétersbourg, et peut-être la Russie. Il était même possible que Douglas ait réussi à se faire confirmer que le bateau avait bien quitté Sosnovi, et qu'ils se trouvaient à bord. D'Éon sourit, il prit les pincettes à feu et sans s'approcher du foyer par égard pour sa robe – une étincelle est vite partie ! – il déposa la lettre au milieu des bûches. Il ne la quitta pas des yeux jusqu'à ce qu'elle soit entièrement brûlée.

— Nous pouvons y aller, Iline, dit-il enfin.

Le traîneau amenant Lia de Beaumont et Iline arriva au palais Narichkine un peu en retard, mais c'était sans conséquence car l'impératrice n'était pas encore là. Dans le vaste salon de réception, une sorte de fusée jaillit des invités déjà présents et sauta au cou de Lia, c'était Yuliia.

— Liouchenka, Dieu merci, te voilà ! J'ai envoyé deux fois ce matin demander si je pouvais passer te voir mais on m'a répondu que tu dormais, j'avais peur que tu ne sois malade, ou fatiguée, et que tu ne viennes pas... Mais, laisse-moi voir cette robe... Comme elle est belle !... C'est sûr, il faut que j'aille à Paris... Je veux que tu m'y emmènes... Sais-tu ? Nous plantons là tous mes invités et nous partons tout de suite sans dire au revoir à personne !

— J'adorerais cela, Yuliia.

Pendant un instant, d'Éon songea que l'idée avait de quoi le tenter. Ce serait une belle excuse pour se soustraire d'un seul coup à cette cour, à ce rôle et aux éventuelles questions concernant Valcroissant. De plus, personne ne serait vraiment surpris : tout le monde ici connaissait les extravagances de la princesse Narichkine ; Élisabeth, même, comprendrait et pardonnerait... La seule faille de ce plan – mais alors, majeure ! – était que Yuliia croyait que Lia était une fille. Quand elle découvrirait qu'elle s'était enfuie avec un homme, peut-être ne serait-elle même pas fâchée, elle était capable de tout prendre du bon côté... Mais sa famille !... La princesse Narichkine en fuite avec un inconnu, un imposteur... Ce serait un scandale fracassant au sein de la haute aristocratie de Saint-Pétersbourg. Et c'était justement le prince Narichkine, le frère de Yuliia, qui représentait en ce moment Élisabeth auprès de Louis XV ; le moment était sans doute mal choisi pour l'insulter gravement.

— Demain, Noël sera passé, ma Yuliia. Matouchka va mieux, tout va redevenir tranquille et agréable, tu vas voir...

— C'est drôle, je pensais la même chose, il y a un moment. Sais-tu, j'en ai tellement assez des invités, des menus et des quarante mille choses qu'on me demande à chaque instant. Tout à l'heure, à l'office, de rage, j'ai été pendant un moment sur le point de verser du sel et du poivre sur les gâteaux à la crème.

— Cela t'aurait bien ressemblé. Mais, Dieu merci, tu ne l'as pas fait parce que c'est Matouchka qui aurait été embarrassée. Tout le monde sait que tu reçois en son nom. Et je crois que la voilà...

Le grand traîneau blanc à six chevaux de l'impératrice, encadré par dix cosaques portant des flambeaux, s'arrêtait devant le perron de l'hôtel Narichkine. Yuliia partit presque en courant pour lui souhaiter la bienvenue. D'Éon demeura seul. À cet instant, chacun était occupé par l'arrivée de l'impératrice, personne ne prenait garde à lui ; il en profita pour reculer de quelques pas, se glisser entre deux plantes vertes et se réfugier dans le jardin d'hiver. Il savait que ce n'était pas l'attitude qu'il lui faudrait observer ce soir. Au contraire, il faudrait que Lia soit charmante, danse, sourie et trouve une parole drôle et aimable pour chacun. Mais la soirée n'avait pas encore vraiment commencé, et avant d'affronter tout cela il ressentait vivement le désir d'un moment de silence et de solitude, ne serait-ce que pour se concentrer comme avant une épreuve et s'armer de courage.

Il était entouré de jasmins, de palmiers, d'orangers, de citronniers et d'oliviers du Caucase. Des colonnes peintes comme des torsades d'or séparaient les hautes verrières. Sur le plafond, des personnages affables, avec ou sans ailes, cela semblait peu importer, volaient dans l'azur ou se reposaient sur des nuages aux formes rebondies éclairés d'or et de pourpre. Le palais Narichkine était véritablement magnifique, songea-t-il, sans doute l'un des plus beaux de Saint-Pétersbourg... De l'autre côté de la galerie, à travers une porte-fenêtre, il vit passer Élisabeth accompagnée de son cortège ; elle se dirigeait vers le grand salon ; il était temps pour lui de s'y rendre aussi. Mais il ne voulait pas se montrer trop vite, il souhaitait avoir le temps d'observer un peu l'impératrice à la dérobée afin de déterminer dans quelle sorte d'humeur elle se trouvait.

Il n'en eut pas le temps. Dès qu'il pénétra dans le salon, Élisabeth l'aperçut et lui fit signe d'approcher :

— Alors, ma Liouchenka, où te caches-tu ? On me dit que tu fais ta sauvage dans le jardin d'hiver...

Décidément, on était toujours beaucoup plus surveillé qu'on ne le pensait.

— Je me délectais du parfum des jasmins d'hiver, Matouchka.

Eh bien, Élisabeth semblait reposée et d'excellente humeur. Et c'était le cas ; pour la première fois depuis des semaines, elle avait bien dormi. La messe avait été belle et longue. La pénombre trouée par les milliers de points blonds des cierges, la lumière d'or de l'iconostase, l'air saturé d'encens et la noble voix du chantre énonçant l'Évangile de Noël avaient suscité chez elle un sentiment de pitié envers tous les hommes de cette terre dont elle était encore attendrie.

Enfin, elle avait convoqué pour le lendemain ses oiseleurs de Tsarkoïe Selo afin de choisir les oiseaux destinés à Ivanouchka. Et le plaisir anticipé du cadeau destiné à l'enfant lui faisait oublier ses remords.

— Eh bien, ma Liouchenka, te voilà déjà de retour ? Où est ton protégé à la voix sublime ? Aurons-nous le plaisir de l'entendre ?

— Non, Majesté. Je l'ai..., perdu en route.

— Comment cela ?

— Sur le chemin du retour, alors que nous approchions de Saint-Pétersbourg, il est demeuré un long moment silencieux, puis a soudain demandé : « Mademoiselle, la liberté qu'on me rend aujourd'hui est-elle totale et définitive ? »

— *Mademoiselle* ? interrompit l'impératrice. Je croyais que nous étions convenues que tu te vêtirais en garçon ?

— Je l'ai fait Matouchka, mais au premier regard il a compris que c'était du pipeau ; et je n'allais pas mentir ou me récrier, ç'aurait été ridicule... J'ai donc répondu à sa question : « Bien entendu, il n'y a de liberté que totale et définitive, car sinon il ne s'agirait pas de la liberté. – Donc, à partir de cet instant, je puis aller où je veux ? – Certainement, mais ne voulez-vous pas avant tout aller remercier Sa Majesté ?... » En fait, je voulais surtout que tu l'entendes chanter, Matouchka... Il ne m'a pas répondu, il regardait le sol. « Voulez-vous me dire pourquoi vous étiez en prison ? ai-je encore demandé. – C'est compliqué, a-t-il enfin dit et, si vous le permettez, j'aime mieux ne pas en parler. »

Il est resté alors un long moment plongé dans ses pensées, et enfin a levé les yeux, sa décision prise : « Vous remercierez pour moi Sa Majesté. Vous lui direz que je loue sa bonté qui me fait petit comme un ver de terre, que ma reconnaissance durera autant que mon existence et que je prierai pour elle chaque soir qui me reste à vivre ; mais, voyez-vous, quand on a été mis en cage une fois, quand la cage s'ouvre, on s'enfuit, la nature est ainsi faite. N'importe quel animal, loup, renard ou oiseau vous le démontrera. Donc, si vous y consentez, je vais vous quitter ici. »

Nous venions d'atteindre les premiers faubourgs. Il a demandé qu'on le conduise à une adresse qu'il connaissait, il est descendu du traîneau, il est parti dans la neige et en un instant il avait disparu.

— Mon pauvre ange, s'exclama l'impératrice, tu as donc perdu ton cadeau de Noël ?

— Matouchka, je ne te demandais pas un domestique attaché à ma personne, ou un perroquet chanteur que j'aurais amarré à son perchoir par une chaîne à la patte... Tu lui as donné sa liberté. Comme je le lui ai dit, il n'y a de liberté que totale. Il avait donc le droit d'aller où il voulait. Son seul devoir était de te dire merci. Et, par mon intermédiaire, il l'a fait. Et, même, je suis plutôt heureuse qu'il se soit enfui parmi les arbres comme un loup ou un renard, ainsi qu'il l'a dit lui-même.

— Si tu es contente, mon enfant, c'est tout ce qui compte. Et je crois que je partage le sentiment que tu exprimes.

— Merci encore, Matouchka, c'est le plus beau cadeau que j'aie jamais reçu.

Comme tout était compliqué... songea d'Éon. Toute cette histoire qu'il venait d'inventer était en définitive très proche de la vérité. La liberté de Valcroissant avait réellement été un très beau cadeau qu'Élisabeth avait offert à Lia. Et Valcroissant avait bien été dans son droit en disparaissant.

Il mentait sans cesse à Élisabeth, il était là pour l'influencer, et il l'aimait malgré ces contradictions et malgré Ivanouchka... Comme il l'avait déjà pensé le matin quand elle était venue l'éveiller, il aurait été prêt à l'accompagner n'importe où, tout de suite et sans poser de question, jusqu'aux îles polaires ou au détroit de Tartarie si elle en avait simplement émis le désir. Et, elle aussi aimait Lia, l'étrangère, la survenante... Il le sentait. Au point de partager avec elle le plus lourd de ses secrets. Et au point de la laisser repartir quand elle le désirerait, elle avait dit cela dans l'île... Rien de tout cela n'était prévu quand Mackenzie et lui-même s'étaient rendus chez ce relieur de la rue Sainte-Opportune pour faire sceller une lettre du roi Louis XV dans la double couverture de *L'Esprit des lois...*

Mais, désormais, il ne voulait plus lui mentir. Le moins possible en tout cas, quand il ne pourrait vraiment faire autrement... Et il pouvait accomplir cela. S'il faisait désormais en sorte, comme il l'avait dit à Mackenzie et Valcroissant, de ne plus sortir de son rôle de lectrice. Il attendrait ainsi l'arrivée du représentant de Louis XV. Le temps qu'il faudrait. Après, on verrait bien.

— Tu es songeuse, ma Liouchenka... Avec quelles ombres discutes-tu, encore ?

Yuliia s'était approchée et lui avait pris la main.

— Tu t'ennuies à ma soirée ? Tu n'as pas envie de goûter à mon buffet ? Ni de danser ?

— Si ! répondit Lia avec une soudaine énergie et un bon sourire, je meurs de faim et ton buffet m'attire et me charme.

Pour Yuliia, pour Élisabeth et pour se conformer à ce qu'il venait de décider, il fallait s'amuser à cette soirée. Et Lia allait s'amuser.

Yuliia partit d'un rire en cascade.

— Je suis contente, tu sais, nous allons à nouveau avoir le temps d'être ensemble maintenant...

Lia baissa la voix :

— Toi qui les connais bien, dis-moi qui sont les meilleurs danseurs, que je ne me laisse pas inviter par des casse-pieds.

— Le seul danseur qui en vaille la peine, c'est mon frère, malheureusement il n'est pas là. Alors tu peux éventuellement danser avec celui-là, près du palmier en pot, le prince Gagarine, ou les frères Boulgakov, là-bas, en bleu, ne sont pas trop maladroits.

— Tu as choisi des danses européennes ou russes ?

— Les deux. Cela fait toujours plaisir à Matouchka qu'on danse le menuet, ainsi la soirée semble raffinée, parisienne, bien élevée... J'ai engagé deux maîtres de danse français pour que mes menuets ne soient pas trop ridicules. Mais à onze heures, les musiciens tziganes arrivent et l'on s'amusera un peu. Dis-moi, veux-tu me faire plaisir, et aussi me rendre service ?

— Tout ce que tu veux, bien sûr.

— Alors, danse les menuets. Toi, tu le connais bien. L'effet sera plus joli, cela plaira à Matouchka.

Lia dansa le menuet, la gavotte, la mazurka, la gaillarde, la pavane, l'allemande, la folie d'Espagne et la sarabande, sourit à tous, changea régulièrement de danseur, grignota au buffet et se laissa apporter des coupes de champagne français, de vin du Rhin et de vin pétillant du Caucase où elle ne fit que tremper les lèvres. Elle accepta les tasses de thé et les sorbets. Elle refusa le punch et la vodka, le chevalier d'Éon n'ayant pas l'intention de se laisser piéger dans un risque aussi bête qu'inutile. Quand les violons et les balalaïkas tziganes arrivèrent, elle voulut bien que ses cavaliers l'initient à la *barynia*, à la *troïka* et tenta même quelques pas du *kazatchok*.

Charles-Geneviève savait depuis sa première expérience à Versailles que, dans un bal, l'endroit le plus sûr pour lui se trouvait au milieu des danseurs. Changer souvent de cavalier permettait de maintenir la conversation au niveau des politesses de base et des banalités, et ainsi d'éviter le danger des questions tendant à devenir trop personnelles ou équivoques.

Ce qui inquiétait le chevalier depuis le début de la soirée, c'était le visage que lui ferait le comte Bestouchev. Plusieurs fois, sans tourner la tête vers lui, il l'observa quand celui-ci passait dans son champ de vision. Mais cela n'arriva que deux ou trois fois dans la soirée car le comte paraissait préférer les conversations entre hommes du fumoir à la musique et la danse. Le chancelier de l'empire ne promenait pas une tête mécontente ; il ne semblait pas surveiller particulièrement Lia, alors que d'Éon avait souvent senti son regard peser sur lui lors des soirées au palais d'Hiver ; et enfin, tout compte fait, il avait plutôt l'air paisible...

Qu'en conclure ? Charles-Geneviève n'en savait trop rien. Peut-être Bestouchev n'était-il pas encore informé de l'équipée solitaire de Mlle de Beaumont à Schlusselbourg ; ou alors il prenait son parti d'un ordre émis par sa souveraine ; ou encore il n'y attachait pas d'importance, Valcroissant n'étant qu'une chose négligeable, un vagabond probablement français, allez savoir avec ces gens ? En tout cas une racaille quelconque que l'administration n'aurait désormais plus à nourir. Toujours était-il que le chancelier de l'empire ne semblait pas courroucé ni menaçant, ce que Charles-Geneviève avait redouté. Et dans l'immédiat, c'était sans doute l'essentiel.

Deux ou trois fois au cours de la soirée, voyant autour de lui les membres de la haute aristocratie russe rire et s'amuser, il vint à l'esprit du chevalier d'Éon que tous ces gens devaient à Élisabeth leur faveur et leur fortune, et donc au fait qu'un mince enfant soit enfermé tous les jours de sa vie dans le bâtiment le plus secret de l'île de Schlusselbourg.

Est-ce qu'ils pensaient parfois à Ivanouchka, ces gens-là ? Sûrement...

Ils ne pouvaient pas l'avoir oublié. Il n'y avait guère que dix ans qu'on avait privé l'enfant de ses droits. On n'oublie pas si vite ces sortes d'événements. Et ils savaient qu'Ivan VI n'était pas mort. S'il était mort, on l'aurait annoncé en faisant sonner le glas dans tous les clochers en forme de bulbe de Russie. On aurait organisé des funérailles quasi royales afin que personne ne passe à côté de cette disparition, car ainsi le problème de la légitimité aurait été réglé. Ils savaient donc tous que l'enfant était quelque part et qu'une chape de secret recouvrait son existence. Et ils se disaient que c'était mieux ainsi pour le bien de l'empire, et accessoirement pour le leur. Ils évitaient d'y penser, laissant Élisabeth et ses ministres porter le poids de ce mal.

L'impératrice partit à une heure après minuit. Lia demeura encore près de deux heures. Cela lui faisait plaisir de retrouver Yuliia, de plaisanter et de rire sous cape avec elle. Elle était une jeune fille, elle était gaie, elle aimait s'amuser et désormais sa conduite reposerait entièrement sur ces trois principes. Elle ne se disposa à quitter le palais Narichkine qu'avec les derniers invités. Le bal était fini, les traîneaux se succédaient devant le perron pour prendre à leur bord les derniers à s'en aller. Lia pria le maître d'hôtel de Yuliia d'envoyer Iline lui chercher un traîneau. Elle attendit quelques minutes en haut des marches mais, vraiment, il y faisait trop froid et le traîneau n'arrivait pas. Elle rentra dans le salon de réception. Le maître d'hôtel revint, il se confondait en excuses mais n'avait trouvé Iline nulle part.

« Il n'en fait vraiment qu'à sa tête..., songea d'Éon. Et c'est ma faute, je le laisse libre de bout en bout, je ne contrôle rien de ce qu'il fait... Il sait qu'il n'a pas une taloche à craindre de Lia Timotevna. N'importe quel maître ici le battrait comme un vieux tapis pour un coup comme celui-là... Il a dû voler quelques bouteilles qui revenaient mal vidées du buffet et les boire dans un coin. Et maintenant il doit dormir près d'un poêle, ou encore il est rentré au palais en m'oubliant... »

Charles-Geneviève était sur le point de demander au maître d'hôtel des Narichkine, qui continuait à multiplier les regrets et les excuses, de lui rendre ce service d'envoyer quelqu'un lui trouver un traîneau, quand Yuliia vint proposer son aide.

— Tu es toujours là, ma Liouchenka ? Que t'arrive-t-il ?

— Rien de grave, Yuliia, je ne trouve plus mon domestique et je n'ai pas de traîneau pour rentrer chez moi.

— Tu ne veux pas dormir ici, avec moi ? Tu coucherais dans ma chambre, comme à Tsarkoïe... Je n'ai pas sommeil et j'ai envie de parler avec toi, il me semble qu'il y a des siècles que je ne t'ai rien raconté...

— Et tu jetterais la clef par la fenêtre ?

— Je sais bien que ça ne sert à rien, on ne peut t'enfermer, tu t'évades par les fenêtres et les cheminées. Je t'en prie, reste, cela me ferait tant plaisir...

Malheureusement, cela aussi, c'était l'une des choses que le chevalier d'Éon avait décidé de ne plus faire. Pas tant par souci de sa propre sécurité, du reste, que par respect envers Yuliia. Si un jour on découvrait que Mlle de Beaumont, l'envoyée secrète du roi Louis XV à la tsarine se trouvait en réalité être un homme déguisé en femme – même bien plus tard, peut-être quand la mission serait terminée et qu'il aurait quitté la Russie –, la princesse Narichkine se trouverait compromise. Il y aurait de quoi lui faire manquer son mariage alors qu'elle pouvait prétendre aux plus beaux partis de Russie, et même du monde. Et à Yuliia non plus, de toutes les façons, il ne voulait plus mentir à ce point.

— Je ne peux pas, ma Yuliia. En ce moment, je ne sais jamais quand Matouchka va me faire demander. Ces derniers temps, ce pouvait être à n'importe quelle heure... Elle n'a que moi comme lectrice en ce moment.

— C'est vrai... Je vous rejoindrai demain matin dès que je serai levée. Demain matin, c'est-à-dire quand je me réveillerai, vers trois ou quatre heures après midi... Et ne t'en fais pas pour le traîneau... Kolia ! appela-t-elle, s'adressant au maître d'hôtel, va dire qu'on attelle pour reconduire Lia Timotevna au palais !... C'est bien la moindre des choses, ajouta-t-elle pour Lia, il y a au moins trente chevaux dans cette écurie qui engraissent et ne font plus rien sous prétexte que mon frère est à Paris.

Lia rentra au palais dans un traîneau de bois d'érable presque blanc aux sièges de cuir rouge, appartenant à l'écurie Narichkine. Charles-Geneviève sortit sa montre de la minuscule pochette rose qui lui servait de nécessaire. Bientôt quatre heures... Il frissonna. L'un des inconvénients de ces robes et de ces vêtements féminins – outre qu'on ne pouvait pas respirer normalement, qu'on ne pouvait pas manger ni boire sans se sentir enserré comme une saucisse dans son boyau et que ces escarpins faisaient un mal aux pieds du diable ! – oui, l'inconvénient majeur était qu'on gelait. Les habits d'homme protégeaient beaucoup mieux du froid. C'était encore une des injustices attachées au statut de femme, Amélie avait oublié celle-là quand elle lui en avait dressé la liste... Il est vrai qu'Amélie ne connaissait pas l'hiver russe.

Quand il rentrerait, il aurait deux ou trois articles à ajouter à son catalogue.

En tout cas, il souhaitait fermement à Iline d'avoir préparé pour le retour de sa maîtresse assez d'eau chaude pour emplir à ras bord un bain brûlant. C'était la seule circonstance atténuante qu'il accepterait pour passer sur le fait d'être ainsi parti sans prévenir. Sinon, il connaissait quelqu'un qui allait prendre assez de coups de pieds au cul pour ne plus pouvoir s'asseoir jusqu'au printemps.

Iline n'était pas dans l'antichambre qui lui servait de pièce à vivre. Il n'y avait personne, la seule lumière était celle de la minuscule veilleuse de l'icône.

— Iline ?... Iline ?...

Charles-Geneviève passa dans sa chambre. De ce côté, toutes les lumières de l'appartement étaient allumées et il régnait un froid glacial. L'une des fenêtres donnant sur la rue et le canal de la Neva était ouverte en grand, vitrages, contrevents et volets. Ils étaient tous devenus fous, ici ? C'était l'une des missions essentielles d'Iline et des femmes de chambre que tout fût fermé et calfeutré dès que la nuit s'annonçait. Le chevalier se souvenait clairement que tout était clos quand il était parti pour le palais Narichkine. Qui avait rouvert ?

— Iline !... appela-t-il encore en s'avançant pour saisir à deux bras écartés les montants de la fenêtre.

Avant tout, fermer cette fenêtre et faire cesser ce courant d'air polaire... D'Éon vit un éclair blanc, n'entendit rien, mais eut pleine conscience d'un choc qui le rejeta vers l'intérieur de la chambre comme un coup de boutoir en plein corps. Et dans l'instant qui suivit, il ressentit derrière la tête un coup brutal qui lui fit passer une flamme rouge devant le regard.

Il n'avait pas l'impression d'avoir perdu connaissance ni fermé les yeux, mais il lui fallut de longues secondes pour comprendre que ce qu'il avait en face de lui, c'était le plafond et ses moulures. Donc, il était couché sur le dos... Alors, c'était ça : le coup à la tête, c'était quand il avait heurté le sol...

Quelque chose, au côté droit, le gênait, il était sans doute tombé sur une pierre ou sur un objet dur et pointu... De la main gauche, il voulut écarter cette pierre qui lui faisait mal et l'empêchait de respirer. Il chercha, essaya de se déplacer mais ne trouva rien. Soudain fatigué, il ramena sa main à lui, elle était trempée de sang.

« On m'a tiré dessus ! » comprit-il enfin.

Plusieurs pensées s'entremêlèrent. D'abord un sentiment de colère contre lui-même : dès le premier jour où il avait habité cet appartement, il s'était fixé pour règle de ne jamais laisser les volets ni les rideaux de ces fenêtres ouverts quand le jour baissait et qu'on allumait les lumières. Et il s'y était toujours tenu. Quel imbécile ! Il aurait suffi d'un courant d'air froid pour le lui faire oublier. Il avait couru droit à la fenêtre au lieu de se jeter à plat ventre... Et en même temps, il s'inquiétait d'Iline. L'avait-on éliminé pour pouvoir agir tranquillement ? Ou Iline l'avait-il trahi ?... Avait-il lui-même monté cette série de chausse-trappes destinée à l'amener devant cette fenêtre éclairée ?

Un bruit curieux emplissait la pièce, qui l'intriguait. Une sorte de ronflement, ou de raclement, presque régulier... Comme un très vieux chat qui ronronnerait, ou une scie qui travaillerait par à-coups... Qu'est-ce qui pouvait causer ce bruit ? Il tenta de retenir son souffle pour écouter avec plus d'attention. Il lui sembla que le bruit cessait mais il ressentit soudain un besoin d'air presque vital, comme s'il se noyait. Il aspira brutalement une profonde goulée d'air et sentit une vive douleur au côté. Le bourdonnement reprit. C'était donc sa respiration qui produisait ce râle ?... Ce devait être mauvais signe.

Il avait l'impression de s'éloigner, maintenant, vers le fond de la pièce, un peu en hauteur, un peu au-dessous du plafond, car il se voyait distinctement couché par terre sur le tapis.

Ah oui, tout de même !... Il saignait bien... La tache de sang sur la robe rose couvrait la moitié du thorax, et il lui semblait qu'il y en avait autant sur le tapis. Pauvre robe rose qui avait demandé tant de travail à tant de personnes et qui n'aurait servi que deux fois... Maintenant qu'il y songeait, ç'aurait plutôt été une bonne idée d'accepter la proposition de Yuliia et de coucher ce soir au palais Narichkine...

Une question qui lui sembla soudain capitale se présenta subitement : est-ce qu'on guérissait de ces sortes de blessures ? Il n'y connaissait pas grand-chose en chirurgie et pronostic des plaies, mais il eut la ferme intuition que la réponse était non. Est-ce qu'il était blessé du côté du cœur ? Cela, il le savait, était un élément de gravité... Mais le cœur se trouvait-il à droite ou à gauche ? Il ne parvenait pas à s'en souvenir...

Qui avait donné l'ordre qu'on le tue ? Ce pouvait être bien des gens mais ce n'était pas Élisabeth, il n'avait pas de doute là-dessus. C'était dommage : elle allait découvrir qu'il était un homme et elle serait déçue. Il regrettait de la décevoir. Il aurait aimé lui expliquer lui-même comment les choses s'étaient enchaînées, et comment il s'était retrouvé dans cette situation d'avoir à lui mentir... Bestouchev ? Pourtant, pendant la soirée, le chancelier avait semblé serein, flegmatique... Mais cela pouvait ne rien vouloir dire. Bestouchev avait peut-être pour principe que la tête visée ne doit pas savoir avant l'heure qu'elle se trouve dans la ligne d'un fusil, elle l'apprendra quand elle tombera au sol. Mais Bestouchev était-il capable de défier ainsi la tsarine ? D'Éon n'en savait rien, et probablement ne le saurait jamais.

En revanche, il était maintenant sûr d'une chose : c'était bien Iline qui avait installé le piège. Et cela lui faisait de la peine car il aimait bien Iline... D'où il était, il voyait nettement les détails de la pièce. C'était étonnant comme se trouver entre la vie et la mort rendait sensible aux détails... Une paire de ciseaux ouverts, les pointes dirigées vers l'extérieur, était posée sur l'appui de la fenêtre ouverte. Les ciseaux destinés à empêcher le Barabachka d'entrer, l'invisible porteur de toutes les déveines. Et en effet, on pouvait classer ce coup de fusil parmi les très grosses déveines... En allumant les lumières et en ouvrant la fenêtre, Iline avait eu des remords. Avec les ciseaux, il avait tenté de conjurer le mal qu'il était en train de provoquer. Un tueur quelconque, un ordinaire exécuteur de basses besognes, n'aurait rien éprouvé de semblable et n'aurait pas pris ce soin. Combien d'argent avait-on pu donner à Iline pour le décider ?... En fait, cela n'avait pas réellement d'importance.

Quelqu'un, très loin, poussait des cris et appelait à l'aide. Non, en fait, pas loin... Juste là. Dans la pièce. Près de son corps couché par terre.

Par un dernier effort de politesse, et une sorte de devoir de curiosité envers sa dépouille et ses bientôt ex-contemporains, il fit l'effort de se concentrer sur ce qui se passait dans l'appartement. Deux de ses femmes de chambre étaient auprès de lui. L'une, agenouillée, tentait de lui soulever la tête et de le ramener à la conscience, l'autre courait vers le couloir pour appeler à l'aide. C'était gentil de leur part mais cela ne servait sans doute pas à grand-chose.

Une question pourtant l'intéressait encore au plus haut point : est-ce qu'on l'avait tué parce que lui, un étranger – oui, une étrangère, mais cela n'avait plus d'importance désormais – avait pénétré le secret d'Ivanouchka, ou parce qu'il avait fait évader Valcroissant ? C'était une dernière curiosité d'agent secret, mais bien vivace celle-là. C'était fâcheux, il allait mourir sans le savoir.

À suivre

Chevalier d'Éon, agent secret du Roi

Tome 4 : Le Pacte.

Table

Composé par Nord Compo Multimédia
7, rue de Fives, 59650 Villeneuve-d'Ascq

Dépôt légal : janvier 2012
N° d'édition : L.01EJEN000786.N001
Loi n° 49-956 du 16 juillet 1949
sur les publications destinées à la jeunesse

CET OUVRAGE
A ÉTÉ ACHEVÉ D'IMPRIMER
SUR CAMERON
PAR L'IMPRIMERIE NIIAG
À BERGAME (ITALIE)
EN DÉCEMBRE 2011